北京发展改革丛书

育新机
开新局 谋新篇

——北京市"十四五"规划研究

北京市经济与社会发展研究所◎著

FOSTERING NEW OPPORTUNITIES
CULTIVATING A NEW PROSPECT
UNFOLDING NEW CHAPTERS
—RESEARCH ON BEIJING'S "14TH FIVE-YEAR PLAN"

经济管理出版社
ECONOMY & MANAGEMENT PUBLISHING HOUSE

图书在版编目（CIP）数据

育新机 开新局 谋新篇：北京市"十四五"规划研究/北京市经济与社会发展研究所著. —北京：经济管理出版社，2021.5
ISBN 978 - 7 - 5096 - 7984 - 5

Ⅰ.①育… Ⅱ.①北… Ⅲ.①国民经济计划—五年计划—北京—2021 - 2025②社会发展—五年计划—北京—2021 - 2025 Ⅳ.①F127.1

中国版本图书馆 CIP 数据核字（2021）第 097125 号

组稿编辑：曹 靖
责任编辑：曹 靖 郭 飞
责任印制：黄章平
责任校对：董杉珊

出版发行：经济管理出版社
（北京市海淀区北蜂窝 8 号中雅大厦 A 座 11 层 100038）
网　　址：www. E - mp. com. cn
电　　话：（010）51915602
印　　刷：唐山昊达印刷有限公司
经　　销：新华书店
开　　本：720mm×1000mm/16
印　　张：13.5
字　　数：235 千字
版　　次：2021 年 6 月第 1 版　　2021 年 6 月第 1 次印刷
书　　号：ISBN 978 - 7 - 5096 - 7984 - 5
定　　价：98.00 元

序　言

　　看世界，百年未有之大变局与百年未有之大疫情相互叠加、相互碰撞、相互影响，改变着世界政治经济格局与国际规则，引领着各国技术、贸易、产业和生产生活方式的变革，成为长期影响全球地缘政治与世界经济版图演变的因素。看国内，"两个一百年"奋斗目标与新时代中国特色社会主义、中国特色现代化相互交织、相互激荡、相互促进，深刻改变着我国区域经济与城市群发展格局，引领着以人为核心的新型城镇化、城乡一体化变革，成为了我国发展动力转换、结构转型升级的根本因素。长期以来，我国大国小城镇发展模式正向大国大城市群发展模式转折。看北京，全国"四个中心"功能建设与以首都为核心的京津冀城市群建设，不断改变着北京的城市发展框架与现代化产业体系布局，引领着北京现代化、国际化、数字化、高端化、服务化变革，成为了北京经济高质量发展、减量发展、绿色发展的内在基础。

　　"十四五"时期是我国历史上又一重大转折时期，是新时代质量变革、效率变革、动力变革的关键时期，是我国由经济大国向经济强国挺进的历史时期，在国内外各种环境形势影响下，凸显北京作为大国首都的历史使命担当。在此背景下，本书以北京"十四五"时期国民经济和社会发展规划思路研究为主线，对标2035年远景目标，全面分析当前面临的重要机遇与挑战，从三个主要维度进行研究：

　　第一篇"危机中育新机，变局中开新局"。进入新发展阶段，国内外环境的深刻变化既带来一系列新机遇，也带来一系列新挑战，危机并存、危中有机、危可转机。要辩证认识和把握国内外大势，统筹"两个大局"，准确识变、科学应变、主动求变，善于转危为机，努力实现更高质量、更有效率、更加公平、更为安全的可持续发展。本篇是站在北京当前所处的历史维度上，面对新形势、新阶段对今后发展的总体构想和战略考虑，主要包括三章：一是立足北京"十四五"规划纲要指导思想中提出的"以首都发展为统领"，解读首都发展要义；二是进一步明确北京在构建"双循环"新发展格局中的定位，提出重点举措；三是落实以人为本的思想，准确把握首都未来人口发展趋势，应对发展难题。

第二篇"遵循发展规律，实现重点突破"。2020 年中央经济工作会强调，在统筹国内国际两个大局、统筹疫情防控和经济社会发展的实践中，我们深化了对在严峻挑战下做好经济工作的规律性的认识。对这些规律的把握，既是对过去经验的总结，也是做好今后各项工作的理论依据。本篇从总结规律出发，深入事物发展的本质对北京"十四五"时期关键举措的深度思考，主要包括五章，分别围绕科技、经济、社会、城市、区域五大规律，探索在建设科技创新中心、增强动力培育新引擎、促进人的全面发展、宜居城市建设、优化首都圈产业协同等方面取得的新突破，支撑首都全面发展。

第三篇"深化改革开放，凝聚发展动力"。改革是解放和发展社会生产力的关键，是推动国家发展的根本动力。随着我国迈入新发展阶段，改革也面临新的任务，必须拿出更大的勇气、更多的举措破除深层次体制机制障碍。对外开放是我国经济实现持续快速发展的重要动力之一，"两区"建设的重大机遇更是为北京构建新发展格局提供了新的空间和强大动力。本篇是瞄准北京"十四五"时期的核心发展动力进行的研究和探讨，主要包括四章，分别围绕深化首都要素市场化改革，以"两区"建设新机遇打造北京特色改革开放新高地、建设国际消费中心城市、社会公共服务供给侧结构性改革等未来发展改革的关键领域和难点展开研究。

本书统揽全局、重点突出，是编委会在多年研究北京经济社会重大问题的积累上进行的深入思考和系统规划。本书既有战略上的总体考虑，也有要点上的探索与突破；既立足于北京现实发展阶段，又有跳出北京看北京的全局视野；既致力于解决当前面临的重点难点问题，又具有国际视野、谋划未来美好蓝图和愿景。本书凝结了研究所多位领导同志的智力成果和心血，其中部分成果已通过多种途径上报市委市政府。我们也希望以此书作为系列丛书的开局，今后能为北京发展贡献更多的智力成果。

本书得到了市发展改革委领导的悉心指导以及相关处室的大力支持，在此表示感谢。有关专家对本书的部分章节提出了很好的建议，经济管理出版社的编辑同志们对本书付出了辛勤的劳动，在此一并表示感谢。

尽管我们努力进行一些思考和研究，但由于时间紧迫，资料和精力有限，难免有一些疏漏之处，敬请读者批评指正。

编委会

2021 年 2 月 5 日

目　录

第一篇　危机中育新机，变局中开新局

第二篇　遵循发展规律，实现重点突破

第一篇
危机中育新机，变局中开新局

第一章　紧抓机遇　善破难题　开启首都社会主义现代化新征程

第一节　重大判断

　　"十四五"时期，北京经济发展将处于科技革命与产业革命"双加速"、供给结构和需求结构"双升级"、改革红利和开放红利"双释放"的关键阶段，是北京重整行装再出发时期。站在北京加强全国"四个中心"功能建设，叠加北京服务业扩大开放综合示范区和自由贸易试验区"两区"建设这一新的历史起点上，北京总体上处于大有可为的重要战略机遇期、窗口期、转型加速期，同时，也是改革开放攻坚期和破冰期。

　　一、面对错综复杂的国际新形势，北京仍处于深化改革开放、应对复杂变局的重要战略机遇期

　　21世纪初，中国融入美国主导的全球化后，经历了二十多年的高速增长。随着中国经济总量同美国日趋接近，美国对我国发生战略转向，由接触转向遏制①。应对中美摩擦，关键是做好自己的事：对内加快体制机制改革，促进经济内循环，形成庞大的国内市场，增强市场吸引力；对外进一步扩大开放，深入参

---

　　①　1994年，美国总统克林顿决定将最惠国待遇与中国人权问题"脱钩"，美国对华战略迅速转向"更宽广的接触"，以2001年美国接纳中国加入其主导的世贸组织（WTO）为标志。20多年后，美国对中国战略从"接触"向"遏制"转折，以2018年美国主动发起贸易战为标志。

与融入国际大循环体系，与其他国家建立更广泛的经济和科技联系。北京在促进国际国内双循环、推动构建新发展格局中均大有可为。

一是在扩大服务业自主开放、建设自贸区，构建开放型经济新体制，促进外循环上大有可为。当前，我国制造业对外资的市场准入已经基本放开，构建与国际规则相衔接的服务业扩大开放基本框架，成为我国新阶段扩大开放的重点。服务业扩大开放综合示范区和自由贸易试验区"两区"政策是继"入世"之后，北京面临的第二次开放机遇。北京生产性服务业发展领先全国，要立足北京科技、资本和人才等优势，向全国输出技术专利、标准以及知识产权等高端要素，拓宽在服务全国新型工业化、信息化、城镇化、农业现代化以及京津冀协同发展中的作用。利用好互联网、高精尖头部企业和独角兽优势条件，以数字经济赋能生产性服务业，服务全国传统产业基础再造和产业现代化，培育、壮大一批数字化、国际化、平台型的服务企业，支持国内企业以生态配套、场景互通走向世界市场。发挥好中国国际服务贸易交易会、中关村论坛、金融街论坛三大平台对外开放促进作用，推动国内企业"走出去"，推动开放型经济新体制构建和产业经济循环，带动形成更高层次改革开放新格局。

二是在引领商品和服务消费，构建强大的国内市场，畅通内循环上大有可为。当前，国内消费"供需错位"已成为内循环的最大障碍，中低端产品过剩与高品质的产品和服务有效供给不足并存。北京经济社会发展阶段超前于全国，消费市场庞大，七成左右商品供给全国，教育、医疗、文化等服务消费繁荣，生产性服务市场辐射全国，信息服务业占全国新型工业化、智慧城市市场份额过万亿元。居民消费水平居全国前列，2019 年居民人均消费支出 43038 元，社会消费品零售额达 12270 亿元，实现市场总消费 2.73 万元，相当于 GDP 的 78%；其中，服务性消费潜能不断释放，占总消费的 55%，已经成为北京经济增长的第一驱动力，具备构建强大国内市场的优势条件。但居民消费率为 41%，仍有很大潜力可挖。扭住扩大内需战略基点，建设现代国际消费中心城市，可以引领中高端商品和服务消费。发挥北京"买全球、卖全国"以及服务"三北"（华北、东北、西北）市场的流通渠道优势，完善超大城市现代流通体系，拓展市内免税店、知名品牌首店、旗舰店规模和分布，重塑中高端商品流通渠道，将有力促进全国高端商品消费。教育、医疗社会服务既是经济社会发展目的，又是高质量发展的支撑和动力，是国内循环重要着力点。北京教育、医疗公共服务水平高，社会化、市场化发展基础好。截至 2020 年 10 月，在美国上市的 26 家教育类中概股，北京占16家，市值占26家的96.7％，达1076亿美元。人均地区生产总值达到2万美元之后，北京社会服务需求日益呈现多元化、差异化、中高端特征，将牵引社会领域供给侧加快改革，引领全国服务消费升级，促进境外消费回流。

三是在深化首都要素市场化配置改革、补齐市场经济体系短板、畅通双循环上大有可为。要素配置扭曲导致国内生产、流通、分配、消费等主要环节上存在不同程度的梗阻，限制国内大循环效率，并与国际通行规则衔接不畅。持续深入的要素市场化改革，是补齐市场经济体系核心"短板"的关键。改革开放40多年特别是自1992年确立社会主义市场经济体制以来，我国实施以医疗、教育、住房为代表的市场化改革，经济活动最终成果即商品和服务的市场化程度极高。但总体上供给质量不高，主要是受土地、劳动力、资本、技术等生产要素市场发育滞后制约，市场决定要素配置的范围有限，要素流动受诸多体制机制束缚效率不高。高质量的供给必须继续深化要素投入的市场化改革。和长三角、粤港澳大湾区等要素市场化程度较高的区域相比，北京要素市场化程度还有较大提升空间，国有经济的比重较高，亟须推动资源配置改革。北京建设以科技创新、服务业开放、数字经济为主要特征的自由贸易试验区，给加快深化要素市场化改革提供了政策机遇。清理破除妨碍要素自由流动的制度性障碍，形成与国际投资贸易通行规则相衔接的制度创新体系，激活国有、民营等不同市场主体活力，释放首都优质资源要素发展活力大有可为。

四是在发挥全国科技创新中心作用、强化创新链、产业链、供应链安全稳定、保障内循环上大有可为。目前我国高端产业链中还有一些"卡脖子"的关键核心技术，使我国产业链供应链面临"断链"风险。新冠肺炎疫情暴露了经济全球化下全球供应链的内在脆弱性，加剧了各国对产业链、供应链的"国家干预"，产业链核心环节本土化自给自足将是新趋势，区域经济小循环将部分替代全球大循环。北京是全国科技创新中心，有基础研究和原始创新优势，体制内创新资源富集，研发投入强度超过发达国家平均水平。改革激活体制内创新资源要素，创新科技攻关举国体制机制，加快关键核心技术联合攻关，在突破"卡脖子"技术上大有可为，在补齐产业链供应链关键核心环节、强化产业安全稳定上大有可为。

二、面对落实首都城市战略定位新阶段，北京进入深化疏解、纵深推动京津冀协同发展窗口期

"十四五"时期是我国全面建成小康社会、实现第一个百年奋斗目标之后，乘势而上开启全面建设社会主义现代化国家新征程、向第二个百年奋斗目标进军的第一个五年，是迈过高收入门槛线的关键五年。对京津冀区域来说，是在2020年发展目标基础上，朝着2030年基本形成京津冀区域一体化格局目标奋进的第一个五年。对北京来说，是为2035年初步建成国际一流的和谐宜居之都、基本形成京津冀世界级城市群构架打基础的第一个五年，深入贯彻落实首都城市战略定位开启新阶段，推动京津冀协同发展进入重要发展窗口期。

一是在国家层面，城镇化发展思路更加清晰，大城市群、都市圈得到更多发展机会，区域发展将更加分化、极化。京津冀、长三角、长江中游、成渝、粤港澳大湾区五大城市群是未来中国核心城市群。预计"十四五"时期，资源和生产要素将进一步向城市群、都市圈和大城市集聚，城市群内部大城市对中小城市和小城镇的辐射带动作用将进一步增强；中心城市的核心带动作用将更加突出；都市圈的增长极作用将得到强化。京津冀城市群将与长三角、粤港澳大湾区一起成为促进我国南北均衡的三大经济中心地区。北京要发挥核心作用，努力缩小京冀经济社会发展水平落差，带动京津冀城市群和首都圈协同发展。

二是在区域层面，随着京津冀协同发展的顶层设计完成，协同发展进入到滚石上山、爬坡过坎、攻坚克难的关键阶段。自京津冀协同发展战略实施以来，以《京津冀协同发展规划纲要》《北京城市总体规划（2016年－2035年）》《河北雄安新区规划纲要》等一系列规划批复实施为标志，京津冀协同发展的顶层设计和规划体系基本确立，"一核两翼"的北京城市未来的新骨架已经描绘清晰。交通、生态、产业三个重点领域的协同效应初步显现。"十四五"时期，随着高速铁路网、高速公路网和城际轨道网加快建设，三地半小时、一小时、两小时城际交通网正在形成，生产要素跨区域流动、聚集和转移的物质条件日益完备。同时，三地将面临更多跨区域政策协调、利益分享等深层次协同的问题。破解这些问题，提升京津冀整体实力和综合竞争力，培育我国经济增长和转型升级的新引擎，形成参与国际经济合作竞争的新优势进入关键阶段。

三是对北京来说，深化疏解要与加快发展转型同步，在优化提升首都功能中有序疏解非首都功能。党的十九大报告和《中共中央、国务院关于建立更加有效

的区域协调发展新机制的意见》都进一步强调了以疏解北京非首都功能为"牛鼻子"推动京津冀协同发展。京津冀协同发展是目标，协同是手段。"十四五"时期是北京深度转型、高质量发展的时期，要主动加快转型发展，做好疏解非首都功能之后的"填空"工作，同步优化提升首都功能，做好疏解与提质两手抓，推动首都高质量发展。

四是城市安全和市民健康成为协同发展新抓手。特大城市和城市群将综合考虑生产、生活、生态和安全的需要，支持特大城市、大都市圈与周边区域联动发展，建设网络型城市，推动以人为本的新型城市化。"十四五"时期，提高城市生活质量、社会保障水平和城市治理水平将成为城镇化面临的核心问题。这为北京探索建立都市圈和城市群一体化治理机制，在京津冀更广范围优化资源配置，强化应急物资保障和产业链安全，辐射带动都市圈内公共服务一体化提供了契机和抓手。

三、面向新发展格局新要求，北京经济进入科技赋能、数字化转型加速期

北京在全国率先由高速增长阶段转向高质量发展阶段，经济结构高端化趋势明显。2018 年，北京生产性服务业占服务业的比重达 63.3%，服务业占 GDP 比重为 81%，接近和超过发达国家"两个 70%"水平（即生产性服务业占服务业70%，服务业占 GDP 70%）。"十四五"时期，数字经济发展将进一步凸显北京创新驱动特征，制造业服务化、服务业数字化趋势不断加强，科技赋能、数字化转型提速，经济动力变革正当其时，将有力支撑新发展格局。

一是传统要素驱动进一步减弱，数字经济加速成为创新驱动的主体。"十四五"时期，在北京人口总量控制和减量发展的要求下，劳动力、土地和资本等传统要素投入对北京经济增长的驱动作用进一步减弱，数据、技术、人力资本等新要素和全要素生产率贡献将进一步提升。支撑经济发展的主要驱动力由生产要素大规模高强度投入，转向科技创新和人力资本提升。2018 年，北京研发投入强度为 6.17%，居全国最高水平。从业人员中，本科及以上学历者占比将近四成。以数字产业化、产业数字化为主要内容的数字经济正加速成为北京创新增长的主要内容，2019 年，北京数字经济增加值超 1.3 万亿元，占 GDP 比重达 38%，以电子信息传输服务、数字技术服务两大领域为主的数字经济继续保持快速发展。"十四五"时期北京发展方式转变、科技赋能特征将更加明显。

二是在数字产业化趋势下，制造业服务化特征不断凸显。全球以"智能化"

为特征的第四次工业革命，已经在互联网、人工智能、云计算和新一代通信上进行了大量的技术"导入"，未来将是新技术引发产业革命的"拓展期"。北京有数字产业化发展优势，有国内领先、完整的5G、大数据、云计算、人工智能和物联网产业链。未来，北京制造业以物联网、移动互联网为物质条件，以大数据、人工智能、云计算为应用建构，与生产性服务业融合创新发展，将服务支撑全国制造业基础再造，推动个性化、定制化、智能化生产的"智造业"发展。

三是在产业数字化趋势下，生产性服务业进入数字化发展新阶段。北京生产性服务业在占据全国优势之后，向数字化升级转型，强化放大服务全国优势，推动生产方式、产业组织和商业模式变革，是大势所趋。北京入选"软件百强""互联网百强"等国内重要榜单企业数量最多，拥有比较完整的数字经济产业链和庞大的市场应用基础，是全球信息服务业最发达的城市之一。北京自贸区鼓励发展数字经济新业态、新模式，探索建设国际信息产业和数字贸易港，强化数字贸易国际竞争力等系列政策举措，将引领、带动全国数字经济发展转型，服务国内企业走向全球市场，支撑国内国际"双循环"。

四、面对现代化治理新需求，北京城市发展进入品质提升攻坚期

作为大国首都和超大型城市，北京是国家治理能力和治理体系现代化的窗口。"十四五"时期，北京城市治理能力和城市品质提高的需求愈发突出；总体处于国内外重大风险交织和自身转型发展的关键时期，处于城市发展质量变革的攻坚期。为此，北京城市发展要顺应智慧韧性、绿色生态、城市更新的时代趋势和阶段性要求，努力把首都优势、制度优势、文化优势等转化为城市治理效能，为推进国家治理体系和治理能力现代化做出首都贡献。

一是万物互联时代超大城市系统的复杂性要求城市治理精细化、数字化、智能化，要求建设现代化韧性智慧城市。新一代信息技术快速发展，促使人类生产生活向线上迁移，移动互联平台、社交软件等手段增强了微观个体的诉求表达、连接性和行动力，5G等通信技术的商用将促使人类社会进入万物互联时代。传统强政府集中式、科层制的社会管理越来越不适应互联网去中心化、扁平化、分散化的现实，适应时代发展变化，加快治理现代化和治理创新日益紧迫。北京要发挥5G、人工智能、大数据、云计算等数字技术产业化优势，加快城市智慧应用场景建设，提高城市智慧化和精细化治理水平。特别是针对公共卫生、社会治理、应急管理和风险管理等方面，"十四五"时期，要进一步健全医疗卫生防控救治体系，进一步提升网格化、信息化、专业化的社区治理水平，进一步提高城市应急管理的组织化、科学化、精准化程度，建设韧性城市。

二是生态文明、绿色发展理念被植入城市品质提升的内涵中，生态环境在城市品质中的地位愈发重要，城市生态环境改善由单一技术治理阶段转向综合运用技术、经济、政策和法律等手段精细化治理阶段。国家层面绿色发展走向制度化，绿色发展从外部性负担向新竞争优势转变，生态文明制度体系更加完善，将凸显北京在生态文明、绿色发展上的探索对提升城市品质的价值。随着多年来持续性、大规模、集中化工程项目治理的实施完成，北京大气、水等领域工程化治理改善的空间越来越小；经过两轮百万亩造林工程，生态建设从空间上也基本到达峰值；运动式城市环境整治也需要制度化、法治化来固化成果，北京城市生态环境改善到了需要综合运用技术、经济、政策和法律等手段开展精细化治理的阶段。

三是在减量发展背景下，盘活优化存量用地势在必行，北京城市发展进入存量更新完善阶段。据测算，北京存量更新改造潜力用地与新增建设用地比例约为2:1，城市发展用地进入以存量更新为主的阶段。城乡建设用地减量要求下，产业发展与居民生活用地需求增加之间的矛盾日益突出。产业用地结构不合理，工业仓储用地偏高，亟须健全存量土地盘活利用机制和政策体系。北京70%左右的经济体量由商务楼宇承载，商务楼宇亟待升级改造；要加快楼宇经济升级和业态更新，需要建设全天候、无时差、生态智能楼宇，满足高品质、智能化、空间功能复合化需求。城乡职住现状用地比例失衡，职住分离程度较高，带来交通拥堵、大气污染等问题；需要多措并举推进老旧小区改造、闲置商业用房"商改租"等事项，提高居住用地比率。

四是后小康时代，北京将探索高密度聚居社区社会治理经验。全面建成小康社会之后，作为后小康时代的典型特征就是居民对物质生活需求更多让位于精神生活需求，对个人权利诉求和伸张的意识趋于强烈，对于社会事务的参与意愿和能力大幅提高。与此同时，北京现有居住格局以高密度大型居住区为主，单个物业管理规模甚至大幅超过以人口高密度居住著称的香港。香港以700户为限，认为超过700户的社区即不可能实现有效管理，但北京规模在1000户以上的单个社区比比皆是，社区社会治理难度全球罕见。叠加后小康时代特征以及未富先老、老龄化率高等社会问题，由物业管理、环境整治、公地冲突和设施维护更新等引发的社区社会治理矛盾将更加凸显。"十四五"时期，北京将延续街道体制改革和物业管理条例所开展的有益探索，形成更加丰厚、具有先行意义的高密度聚居社区社会治理经验。

五、面对人民美好生活新期待，公共服务供给侧结构性改革进入破冰期

一是人口结构和布局变动对公共服务影响更加深刻。预计"十四五"时期，北京人口总量将稳中趋降，外来人口持续减少，结构上少子老龄高龄化叠加，新增劳动力放缓，人才增速减缓，人口进一步向郊区、外围分布。在总量上，不会突破2300万人的"天花板"。根据国家发改委宏观院预测，按照当前人口政策及发展态势，北京市常住人口到2025年高、中、低三种可能性的数据分别为2154万人、2135万人、2116万人。在结构上，出生人口波峰"过境"，老龄化压力加剧。全面放开"二孩"政策带来的生育小高峰将导致"十四五"时期6~17岁人口数量先升后降、5岁及以下人口数量持续下降，2023年将是小学入学高峰年。中华人民共和国成立以来在出生高峰期（1960~1965年）出生的人口将在"十四五"期间集中面临退休。到2025年，北京60岁及以上人口数量占比将达24%以上，与东京老龄化水平相当；80岁以上高龄老人将达80万人。在布局上，"一老一小"等公共服务高需求群体"背道而驰"。尽管从总的态势来看，北京人口正在进一步向郊区、外围扩展。但是中心城区老龄化速率高于全市平均水平（受青年人口迁出影响，郊区外缘老龄化程度被动加剧），学龄儿童及其父母受优质教育资源牵引，明显呈现向海淀、西城等区高度聚集的趋势。

二是全面深化改革有望改变公共服务供给的底层逻辑。一方面，土地和规划改革。农村集体土地入市，建设用地供给方从一元走向多元。控规调整借助"多规合一"进一步放权给区级政府，公共服务设施建设和机构开办更加灵活，市场主体和社会力量可以采取的经营手段更加丰富。另一方面人才制度改革。以事业单位改革为基础，医药卫生体制改革、教育体制改革和文化体制改革围绕发挥市场在人力资源要素配置的决定性作用，有望打破公共服务领域体制内人才"围城"现象，包括聘任制、无编制化和劳务派遣等形式在内的多种用工形式和用人机制可能更加普遍。

三是新科技革命可能彻底改变公共服务供给的部分属性。一方面，公共服务的排他性减弱。教育领域的"课程研发＋线上名师"、线下小班模式，实现了优质 K12① 教育的快速复制。在医疗方面，人工智能应用于病理、影像和检验领域实现了"机器换人"，检验能力在疫情期间甚至能够呈指数级扩张。另一方面，公共服务的"多中心化"和"去机构化"特征凸显。"多对多"而非"个人对机构"的公共服务供需成为流行，医生集团、线上外教和健身私教等新型公共服务供给形态层出不穷。

第二节　重大难题

"十四五"时期，国际环境国内形势都将经历深刻变化。北京在步入开启社会主义现代化新征程的发展阶段后，在面临新机遇、新挑战、新要求的同时，经济社会发展不平衡不充分问题依然存在。面对经济增长下行压力加大、财政过紧日子的情形，要实现更高质量、更有效率、更加公平、更可持续、更为安全的发展，北京还面临一些较大的难题。

一、经济稳增长压力增大，转型升级势在必行

（一）经济增长中枢下移，实际经济增速将步入"5"时代

世界上发达经济体大都经历了二三十年的高速增长，在人均 GDP 达到 1.1 万美元左右时由高速转向中速。日本东京在"二战"后经历了三十余年的两位数高速增长，1981～1990 年进入 5.7%～9.6% 的中速增长阶段，1991 年以后进入 2% 以下的低速甚至负增长阶段。北京自 2011 年起 GDP 增速稳定下降至 10% 以内（当年 8.1%），步入中速增长阶段，至今总体仍呈下行态势。2020 年宏观经济环境更加不乐观（见表 1－1）。我国实际经济增速可能进入"5"时代。从北京经济增长主要动能看，投资率自 2007 年以来一直低于 50%，2018 年已降至 37.2%，按照国际规律仍有可能下行。消费已成为经济增长第一拉动力，但是消费潜力的释放还需要时间。产业结构调整升级处于关键期，产业疏解后续业态补充不足。预计"十四五"时期，北京潜在经济增长中枢将下移，稳增长压力更大。

---

① K12 或 K－12，是 Kindergarten Through Twelfth Grade 的简写，是指从幼儿园（Kindergarten，通常 5～6 岁）到十二年级（Grade 12，通常 17～18 岁）的整体教育架构，也可用作对基础教育阶段的通称。K12 主要被美国、加拿大等北美国家采用。

表 1-1　2020 年世界经济预测　　　　　　单位:%

国家/地区	IMF 最新预测 (10 月 13 日)	OECD 最新预测 (9 月 16 日)
世界	-4.4	-4.5
发达经济体	-5.8	—
美国	-4.3	-3.8
欧元区	-8.3	-7.9
日本	-5.3	-5.8
新兴市场和发展中经济体	-3.3	—
中国	1.9	1.8
印度	-10.3	-10.2

资料来源:根据网络资料整理。

(二)财政增收空间缩窄,支出压力增大,债务风险上升

近年来,受国家推行营改增、减税降费等政策影响,北京财政大规模减收,财政收入增速低于 GDP 增速。2015～2019 年,北京市一般公共预算收入年增长率由 17.3% 下降到 0.5%。"十四五"期间,影响财政增收的因素依然存在。由于金融业在全市税收中约占 1/3,而随着利率下行,金融业利差缩小,将对税收贡献带来较大影响。与此同时,财政支出压力持续加大。一是教育、医疗、卫生、社会保障等领域的民生刚性支出。2018 年,北京市社会领域一般公共预算支出达 3842.9 亿元,占全市一般公共预算支出的 51.4%。据测算,到"十四五"末这一数字将突破 6000 亿元,占比远超 50%。二是城市建设和经济发展还需要更多的财力保障,轨道交通、快线交通、市郊铁路等城市基础设施资金投入巨大且尚未形成有效的社会资本投资运营机制。财政增收乏力和刚性支出压力并存,使地方政府债务风险上升。

(三)产业结构面临深度调整,转型升级势在必行

一是制造业投资下降过快导致制造业增加值占比下降快。2011～2018 年,北京市制造业投资占全社会固定资产投资的比重由 10.2% 下降到 2.8%,下降了 7.4 个百分点,而上海制造业投资 2018 年占比仍达 11.9%。与此相应,北京制造业比重下降速度也远远大于世界发达城市。纽约、东京在人均 GDP 突破 2 万美元时制造业占比约 20%、18%,突破 3 万美元时制造业占比约 15%、17%,

而 2018 年北京人均 GDP 达到 2.1 万美元时制造业占比已不到 10%①。从制造业 GDP 占比下降速度来看，在人均 GDP 从 2 万美元到 3 万美元迈进过程中，纽约、东京每年下降约 0.4 ~ 0.5 个百分点，北京每年下降约 0.8 ~ 1 个百分点。北京制造业比重明显低于上海、深圳等国内一线城市。

二是数字经济发展仍有较大空间，产业数字化转型进展缓慢。从总量上看，北京数字经济占 GDP 比重达到 38%，居全国首位；从结构上看，北京数字经济内部发展不平衡，产业数字化薄弱，特别是传统产业数字化转型慢，质量不高，数字化应用主要停留在生活消费领域，生产上转型缓慢，大量中小企业存在"不愿转型、不敢转型、不会转型"问题。

三是生产性服务业中的金融等优势行业面临更多国内竞争。国内城市金融中心建设一定程度上将吸引北京金融资源。据不完全统计，包括上海、深圳、广州在内的 30 多个城市提出了建设金融中心城市的发展愿景，出台了引进金融机构和高级金融人才、鼓励设立业务总部或地区总部等方面的优惠扶持政策。信息服务、科技服务等优势行业也同样面临比较优势减弱问题，上海、深圳、杭州、合肥、成都、重庆等城市快速发展。如驻京央企外迁将在很大程度上影响北京的金融业竞争力。北京缺乏具备全球资源配置能力的生产服务企业和机构，吸引或培育的全球性高端生产服务企业总部仅有 7 家，远低于纽约（47 家）、伦敦（28 家），同时也面临来自上海、杭州等城市的强烈竞争。

二、自主创新能力不足，科技创新中心建设任重道远

（一）创新人才结构性失衡，顶尖人才不足

战略科学家、创新领军人才和重点产业人才缺乏。2018 年，21 个自然科学与社会科学领域入选的全球高被引科学家（5028 人）中，北京入选人数全球占比 2.83%（142 人），不及波士顿（占比 6.15%，309 人）的一半（见图 1 - 1）。在新一代信息技术、医药健康、智能制造、新材料等领域，世界级顶尖人才缺口依然很大。创新人才国际化还需要进一步加强，2019 年，北京在全球城市人才竞争力排行中排名第 58 位，在亚洲城市排第 10 位，总体处于中等水平。

---

① 2019 年北京市人均 GDP 2.4 万美元，制造业占比已不到 12%，纽约、东京在人均 GDP 突破 2 万美元时制造业占比约 20%、18%，突破 3 万美元时制造业占比约 15%、17%。近几年北京制造业占 GDP 比重每年下降约 0.8 ~ 1 个百分点，大于纽约、东京在人均 GDP 从 2 万美元到 3 万美元迈进过程中，制造业占比每年下降 0.4 ~ 0.5 个百分点。

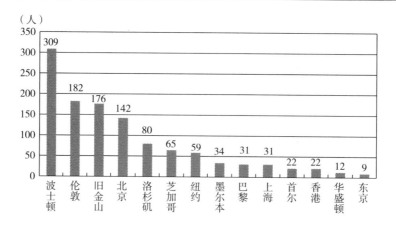

图1-1　2018年15个城市全球高被引科学家数量对比

（二）政府投入效率不高，市场作用发挥不够

财政资金没有实现从"拨款"思维向"投资"思维的转变，行政性手段多，转化为股权投资、融资担保、各类风险补偿基金、绩效评估"后补助"专项资金等较少。企业没有成为研发投入的主体。深圳超过90%的研发经费来自企业，北京仅有44.39%，如图1-2所示。科技金融供给不足，小微企业、初创企业融资难、融资慢、融资贵的问题依然普遍存在，资本市场在科创企业融资方面发挥作用不明显。

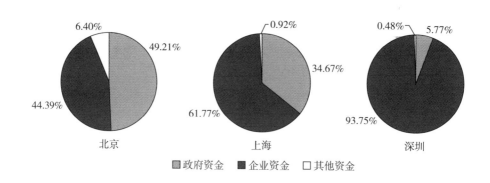

图1-2　2018年京沪深科研经费来源结构

（三）原始创新能力有待提升，基础研究亟须加强

重大原创成果、原创理论不足，有应用价值的自主创新成果较少，2018年

北京国际技术收入 96.8 亿美元，低于上海 183 亿美元的水平；PCT 专利申请量 0.72 万件，低于深圳 1.7 万件的水平。北京基础研究经费与美国、英国、法国等国相比还有差距。从美国等主要创新型国家的发展经验看，基础研究、应用研究以及试验发展三者在研发总投入大致比例为 20：20：60。2018 年北京这一比例为 15：22：63。重大科技基础设施和创新平台支撑能力还需要加强，基础材料领域全球顶尖实验室前三名均在美国。

（四）科技成果转化缺环，市场化应用程度不高

从科研成果到市场化应用转化的中间环节存在缺环，市场导向的科技研发体系还不完善，企业研发投入仅占全市研发投入的四成，低于深圳九成以上的水平。制造业比重下降较快已在一定程度上影响了创新链与产业链的深度融合（美国专利约 90% 来自于制造业），不利于技术创新的更迭和转化落地。创新链与产业链融合不够。科技成果供给与市场需求存在偏差，2018 年北京地区高等学校累计有效发明专利数为 5.3 万件，而专利所有权转让及许可数只有 514 件。北京技术合同成交额在全国的份额快速下降，近 10 年来下降超过 15 个百分点。

（五）创新体制机制改革滞后，亟待实质性突破

市场导向的创新人才配置机制尚未建立。户口仍然是人才引进的制约因素，相当数量的创新人才分布在各级各类体制内科研单位中，体制内外编制、工资、子女上学、住房等待遇不同，人才自由流动受限。科研立项和组织运行行政化。项目立项未充分与市场需求对接，企业、第三方机构、社会公众等多主体参与不充分。缺乏有效的创新激励。职务科技成果的产权激励机制还不到位，极大抑制了科研人员的创新积极性。科研费与劳务费在现有规定下可用于科研人员本身的支出比例非常少。

三、城市治理多元约束，城市品质仍需进一步提升

（一）建设用地减量压力犹存，城市发展模式仍未完全转型

自"十三五"以来，北京市建设用地供给减量趋势明显，全市建设用地供应计划总量从 2015 年的 4600 公顷下降到 2020 年的 3710 公顷，城乡建设用地供应计划从 2750 公顷下降到 2060 公顷。其中，产业用地规模缩减突出，2020 年计划仅为 2015 年的 54.7%，实际完成情况更少，2019 年仅完成计划的 35.5%。土地招拍挂成交面积从 2015 年的 697.4 公顷下降到 2019 年的 478.1 公顷，下降了

31.4%。到 2035 年，全市建设用地总规模将控制在 3670 平方千米左右，城乡建设用地需减少 146 平方千米，未来可供开发用地规模有限。与此同时，城市发展模式仍较粗放，土地产出效率与上海和深圳差距较大，2019 年北京市建设用地地均 GDP 为 9.51 亿元/平方千米，相当于上海的 79.8%、深圳的 34.5%。

（二）城市运行保障压力大，交通路网建设有待加强

北京能源对外依存度较高，2019 年，全市 60.7% 的电、100% 的石油和天然气均需外部供应，特殊时期运行保障压力大。交通运行效率较低，远未达到宜居城市要求。2019 年，北京道路网密度为 5.7 千米/平方千米，远低于纽约 13.1 千米/平方千米、东京 18.4 千米/平方千米的水平；中心城区轨道交通站点密度和接驳程度有待提高（见图 1-3）；轨道交通线网欠缺"大站快线"的市郊铁路。东京都市圈轨道交通里程 2996 千米，是北京（940.6 千米）的 3.2 倍；地面公交长大线路多，运载效率低。2019 年，北京中心城区公共交通占比 31.8%（其中轨道交通 16.5%，地面公交 15.3%）。市政基础设施服务品质有待提升。老旧小区给排水、电力、热力、燃气管网仍存隐患，市政管线入楼入户改造任务依然艰巨。

（三）城市更新任务重难点多，核心问题亟待破解

全市需要更新的存量空间规模庞大。以老旧厂房为例，现有总占地面积超过 3000 万平方米的腾退老旧厂房中，有七成处于待开发状态，资金需求巨大。然而当前城市更新存在诸多问题：一是与"四个中心"功能定位结合不够紧密。目前，北京城市更新仍是点状更新、个案推进、零敲碎打，在支撑首都功能提升方面有较大空间。二是产权复杂和体制机制问题突出。央地、市区、部门之间条块分割，城市空间管理权限归属各部门，统筹协调利用难度大。街区虽然是实施城市更新的主体单元，但现实中权责不对等，对腾退空间类型、面积、位置等信息无法整合与共享，资源匹配效率较低。三是全市统一的政策制定相对滞后。上海、广州、深圳早已出台全市统筹的城市更新政策，北京仍处于"一事一议"阶段，政策集成不足，全市统一的城市更新政策体系尚处于构建期。四是资金平衡问题突出，民间资本进入意愿不强。在减量发展背景下，现有针对单一项目的城市更新路径难以依靠土地开发收益平衡项目投入，即使通过物业运营和部分闲置资源运营的收益也难以弥补巨大的资金需求，亟待寻求破解资金困境的新路径。

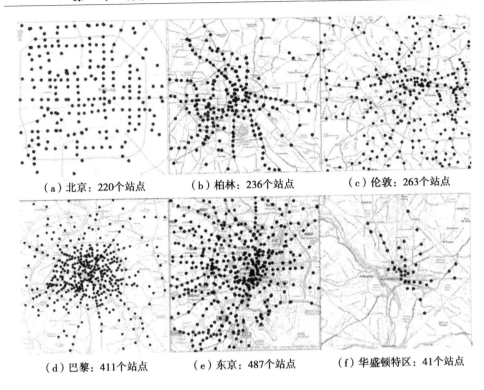

（a）北京：220个站点　　（b）柏林：236个站点　　（c）伦敦：263个站点

（d）巴黎：411个站点　　（e）东京：487个站点　　（f）华盛顿特区：41个站点

图1-3　部分首都城市的轨道交通站点分布

（四）智慧城市建设相对滞后，难以满足高质量发展要求

智慧城市作为现代化城市运行和治理的一种新模式与新理念，建立在完备的网络通信基础设施、海量的数据资源、多领域业务流程整合等信息化和数字化建设的基础上，是现代化城市发展进程的必然阶段。根据亿欧智库《2019 中国智慧城市发展研究报告》，北上广深杭是我国智慧城市发展的 TOP5，上海发展指数排在第一位，正在向泛在化、融合化、智敏化的智慧城市迈进；杭州后来居上排在第二位，其有效利用云技术，推动城市大脑建设，包括了公共交通、城市管理、卫生健康、基层治理等 11 个大系统 48 个应用场景，实现智慧交通、智慧安防的主城区全覆盖，高峰期间平均行车速度提高 15%，120 救护车到达现场时间缩短了一半。北京排在第三位，其智慧城市建设虽然在单个领域、单个应用方面进展明显，但公共资源综合化系统化集成化的程度还有待提高，大数据平台应用不够广泛，数据应用在支撑服务创新方面力度仍显不足等。

（五）大气污染防治任务依然艰巨，治理进入爬坡期

由于全市人口基数、机动车保有量大，能源消耗高，大气污染物排放量仍超出环境承载能力，与周边地区输入型污染相叠加，2019 年，PM2.5 平均浓度 42 微克/立方米，尚未达到国家二级标准，与国际大都市差距明显（东京 12.8 微克/立方米、伦敦 11.6 微克/立方米、纽约 8 微克/立方米），不利气象条件下的区域重污染天气仍时有发生。随着污染源结构变化，治理难度明显加大，以 PM2.5 和臭氧为特征的复合型污染已成为突出问题，2019 年，臭氧平均浓度为 191 微克/立方米，未达到国家二级标准。碳排放与国际城市比仍有较大差距，2018 年全市能源领域二氧化碳排放量约 1.4 亿吨，人均碳排放约 6.5 吨，碳强度 0.46 吨/万元，碳排放总量仍处于高位平台期。与东京、纽约、巴黎、伦敦等城市提出的中长期减碳目标相比差距较大，未来能源绿色低碳转型任务艰巨。

第三节　思路建议

"十四五"时期，北京要贯彻落实党的十九届五中全会关于"十四五"规划和 2035 年远景目标建议的精神以及习近平总书记对北京系列重要讲话精神，在率先全面建成小康社会基础上，坚持问题导向和目标导向，加强前瞻性思考、全局性谋划、战略性布局和整体性推进，实现发展规模、速度、质量、结构、效益、安全相统一。在构建双循环新发展格局、高端智造业发展、经济数字化转型、科技创新、城市有机更新、"一老一小"社会服务、"两区"建设、市场有效与政府有为等重大任务上实现关键突破。

一、率先探索构建新发展格局的有效路径

作为国家首都和超大型城市，北京要发挥好参与国际循环的战略支点和畅通国内循环的重要枢纽的作用，实施"双循环"新发展格局北京行动，立足北京人才、资本、技术、数据等优质高端要素，深度参与国内市场和国际市场联通，以金融、信息、科技、商务、流通等首都生产性服务业领先优势，更好地利用国际国内两个市场、两种资源，引领提升我国产业链创新链供应链的稳定性和竞争力，提升供给体系对国内需求的适配性，提升服务全国"新四化"的能力。提

升首都对全球资源要素的配置能力，系统塑造参与国际竞争合作新优势，为国家新发展格局做出更多北京贡献。

一是加快关键核心技术攻关。依托核心技术攻关的新型举国体制，抢抓新一轮科技革命和产业变革机遇，面向世界科技前沿、经济主战场、国家重大需求、人民生命健康，集聚和培育国家战略科技力量，办好国家实验室、推进"三城一区"融合发展、深化科技体制改革、强化企业创新主体地位，补齐基础研究短板，集中力量攻克解决关键核心技术"卡脖子"问题，实现更多"从0到1"的突破，提升我国在全球产业分工体系中的能级，强化创新对首都发展的引擎作用。

二是强化数字经济驱动。数据已经成为影响新一轮全球竞争的关键要素。北京数据资源优势得天独厚，优质企业多，人才基础好，有条件、有机会、也有实力打造具有国际竞争力的数字产业集群，建设全球数字经济标杆城市。同时，通过数字驱动带动全国经济发展质量变革，引领全国数字消费新时尚，推动我国由数据资源大国迈向数据利用强国。

三是加快供给侧结构性改革。土地、劳动力、资本、技术、数据等要素市场化配置改革的范围、层次、效率最终决定了商品和服务的供给质量与效率，并系统反映到国民经济发展的质量、水平和效率，是供给侧结构性改革的关键核心内容，也是优化营商环境的最终要求。以要素市场化配置改革为核心深化供给侧结构性改革，提升供给体系对国内需求的适配性，吸引境外消费回流，服务国民消费升级。

四是建好"两区""三平台"。"两区"建设是北京自1978年改革开放以来新的最大机遇，政策红利叠加，近130平方千米的"境内关外"自贸区，将成为北京畅通连接国内国际双循环的桥头堡和国家开放的风向标。北京市试点式的、局部的开放制度创新将向系统化、整体化制度设计转变，制度高地叠加环境高地优势将发挥乘数效应，显著增强国内国际联动效应，助力提升在世界经济格局中地位。"三平台"是北京为国家对外开放发展打造的三块金字招牌，在国内优秀企业"走出去"、国外优质资源要素"引进来""双向开放"中将发挥重要作用。

五是建设以首都为核心的世界级城市群。充分发挥北京"一核"辐射作用，高水平建设城市副中心和雄安新区"两翼"，带动环京重点地区发展，唱好京津双城记，努力引导资源要素向城市群内重要功能节点集聚，实现资源要素更广阔范围的合理、高效配置，推动京津冀城市群实现更高效率协同、更高水平开放和更高质量发展。

六是强化大宗商品现代流通体系建设，维护国家能源、矿产、粮食、文化等战略安全。我国大宗商品的进口依存度比较高，由一批"全球采购、全国批发"的在京央企来实现①，奠定了首都在全国大宗物资流通中的枢纽地位，守护着国家能源、矿产、粮食、文化等战略安全。有效发挥央企总部的全球资源配置作用，以供应链为核心重构流通体系、以国际化为方向塑造竞争优势、以数字化为导向创新流通模式，不断提升大宗商品供应链的安全性稳定性。

二、加快发展北京"智造"，推进制造业提质增效

加快发展"北京智造"既是国家"十四五"期间的要求，也是北京稳增长、调结构、实现经济高质量发展的历史要求，北京市明确提出到"十四五"期末制造业比重要达到15%左右。需要一手抓增量投资，一手抓存量改造挖潜，两手强抓并举。

一是要有大规模投资、大项目持续推进。考虑到工业规模项目的选址、论证、建设、达产周期长，建议围绕新一代信息技术、医药健康、新能源智能网联汽车、未来产业等重点领域龙头企业或产业链关键环节，支持有市场需求的制造业投资，引进优质大项目，同时完善土地、资金、市场准入等一揽子配套政策。

二是要提高制造业增加值率，推进制造业提质增效。本市制造业产业链条短、深加工不够、增加值率偏低，低于同期的深圳、上海，远低于美国，也低于历史上的自己。延伸制造业链条，加强优势行业补链、延链、强链，大力发展智能制造，与生产性服务业融合发展，提升制造业增加值率，扩大增加值规模，可以在保持制造业总产值不变情况下提高制造业占比。若本市工业增加值率提高到同期深圳、上海25%～27%的水平，即提高增加值率3～5个百分点，则将提高工业增加值600亿～1000亿元，从而提高工业占GDP比重2～3个百分点。

三、努力实现关键核心技术自主可控

"十四五"时期，亟须构建社会主义市场经济条件下关键核心技术攻关的新型举国体制，强化基础研究，组织实施关键核心技术攻关工程，加快国产化替代

---

① 全国59%的原油、63.3%的天然气、22.3%的成品油、15.7%的铁矿砂及其精矿、14.9%的农产品以及51.1%的汽车、25.4%的医药品、22.1%的文化产品进口都由在京相关企业完成。

或做好"备胎"，努力实现关键核心技术自主可控，构建完整可控的供应体系。

一是补齐基础研究短板。基础研究是科学之本、技术之源，是提升原始创新能力的根本途径。基础研究领先的国家通常能够占据全球科技制高点。只有夯实基础研究，加强从0到1的原始创新，才能从根本上解决"卡脖子"技术问题。要改革约束基础研究活动的立项、经费预算和使用制度，树立正确的政策导向。建立市场经济条件下多元化的资金投入机制，采取政府引导、税收杠杆等方式，完善研发费用加计扣除等政策，激励企业和社会力量加大基础研究投入。

二是深化改革激励人才。人才是突破关键核心技术最重要的因素。要打破各种束缚人才活力的体制机制，深化职务科技成果产权制度改革。逐步缩小体制内外社会地位、职级晋升、考核评价等"待遇"差距，打破人才流动的体制障碍。推动科研院所分类改革，建立分级、分类的科研项目和科研人才评价指标和评价方式。选好用好领军人物、拔尖人才。

三是发挥企业在关键核心技术攻关中的主体作用。立足当前、着眼长远，聚焦产业链的关键环节，以关键共性技术、前沿引领技术、现代工程技术、颠覆性技术的创新等为突破口，引导企业加强研发攻关和应用推广；坚持市场机制与政府作用相结合，发挥市场对技术研发方向、路线选择及各类创新要素配置的决定性作用。

四、统筹推进城市有机更新，畅通全市投资、生产、消费循环

现代城市是信息、技术、资金、人才汇聚的节点，是打通国内国际双循环的主要空间，人、地、房等城市要素良性循环是促进"双循环"新发展格局的基础。在减量发展背景下，盘活存量土地和房产，推动有机更新，对于畅通城市要素循环尤为关键。因此，我们研究提出了"统筹协调、分类指导、分区施策、畅通循环"的城市有机更新思路，这将是促进城市功能重组、城市品质提升的战略支点，是拉动有效投资、培育发展新动能、稳定经济增长的有效手段。

一是统筹协调，激活全市城市有机更新"一盘棋"。将不同行业、不同区域、不同层级、不同资金、不同实施主体等多元化、分散化的城市更新改造项目综合考虑、互相配合、协同推进，促进城市功能布局优化重组，使住宅、商业、办公、文化等不同功能区相互交织、有机结合，不断提升城市能级，激发城市的创造力和活力。

二是精准施策，打通关键政策堵点。盘活老旧工业厂房，重点是采取用地合

法化和规范化、用途调整等措施，稳定社会投资改造和承租经营预期，探索更多盘活利用方向。打造全天候、无时差、生态智能型楼宇，提升人性化、便利化服务水平，吸引高精尖业态入驻，既能促进产业载体升级，又能促进城市形态升级。支持推进市管老旧小区改造，重点先行开展供水、排水、道路等基础类改造整治，在此基础上，根据居民意愿开展加装电梯等完善类和养老托育等提升类更新改造。

三是分区施策，率先引导加大五环以外老旧厂房改造力度。城六区以外的老旧厂房数量共 526 处，约占全市的七成。可根据紧迫性、难易程度、实施效果等因素，率先引导加大五环以外老旧厂房改造力度，引导四环内过度集中的产业和就业向城市副中心和平原新城转移布局。通过合法适当收取老旧厂房改造土地出让收益，差异化支持老旧小区改造。

四是畅通投资生产消费循环，激发城市经济发展内生动力。通过土地循环利用，盘活存量资源，吸引高精尖产业落地；利用盘活存量用地所得收入弥补老旧小区改造资金需求，打通不同项目间的资金循环；通过老旧小区更新改造投资撬动消费，继而形成投资消费循环。老旧小区综合改造，既能通过补齐短缺服务设施，拓展银发消费、幼儿消费等多元消费，也能带动装修、家电等方面的消费支出，活跃扩大市民消费支出，激发城市发展的内生动力。

五、聚焦"一老一小"，破解民生难题

一是以增补弹性供给为主应对义务教育学位缺口高峰。在硬件方面，建议通过充分利用市内高校外迁腾退校址、推动寄宿制高中外迁腾出校舍、改建低效楼宇扩充校舍等多种措施解决设施缺口。在师资方面，建议通过深化教师管理体制改革、充分利用离退休教师资源、充分利用线上教师资源、建立"临时聘用教师机动库"等多种渠道解决师资力量缺口。同时，要构建多层次、多渠道、全方位托育服务供给体系，推进普惠幼儿园从"有效供给"向"优质供给"转变。

二是从城乡两条线入手破解养老难题。加快建设居家社区机构相协调、医养康养相结合的养老服务体系，努力解决基本养老服务短缺问题。在城市社区开展居家养老服务"两试点一评估"工作。试点打造社区公共服务综合体、试点全面放开社区养老服务市场，为共享员工、弹性灵活就业提供更多市场机会。在农村社区广泛推行"志愿＋居家"养老模式。可作为以城带乡、共同富裕的路径探索，从资金上建立多元筹资机制予以支持，从资源上充分利用农村社区卫生资源，从组织上更多发挥社会组织作用，搭建平台将政策资源同社会资源进行整合，深化养老服务层次，提高服务效率。努力推动跨区域异地养老。

六、抓住"两区"建设新机遇打造北京特色改革开放新高地

国家服务业扩大开放综合示范区和自由贸易试验区的设立是北京面临的重大战略机遇。北京应紧抓机遇，聚焦科技创新、服务业开放、数字经济三大领域，以国际科创中心、生产性服务业中心城市、全球数字经济标杆城市为目标推进"两区"建设。

一是要悟透政策。国务院批复的251项任务清单已经明确，下一步要精心组织、大胆实践，确保各项任务取得实效。

二是要谋划项目。立足服务首都城市战略定位、更好发挥首都资源优势、增强首都发展未来竞争力，有针对性地做好项目谋划，加大招商选资力度，推动一批突破性、带动性强的项目落地。瞄准全球顶尖企业和行业领军企业，引进一批国际功能性机构、外资跨国公司地区总部、研发中心、专业服务机构和高端制造业企业。

三是要推动改革、配套政策。政策和制度创新是"两区"建设的核心任务。要针对具体项目落地过程中的堵点痛点难点，围绕跨境服务贸易、要素供给、资源配置等方面，集中推出一批国家战略需要、开放度要求高、自身禀赋好的创新制度和配套政策，加强"两区"政策联动，形成叠加优势，实现"$1+1>2$"的效果。

四是做好监管，做好开放压力测试。

北京市经济与社会发展研究所

第二章 加快构建"双循环"新发展格局

构建新发展格局是以习近平总书记为核心的党中央积极应对国际国内形势变化、与时俱进提升我国经济发展水平、塑造国际经济合作和竞争新优势而做出的战略抉择。立足国内大循环、畅通国内国际双循环将会成为我国未来贯穿中长期的政策主线。作为国家首都和超大型城市,北京要发挥好参与国际循环的战略支点和畅通国内循环的重要枢纽作用,实施"双循环"新发展格局北京行动,率先探索构建新发展格局的有效路径。

第一节 对"双循环"新发展格局的认识

一、"双循环"新发展格局的提出及背景

2020 年 5 月 14 日,中共中央政治局常务委员会召开会议,提出要充分发挥我国超大规模市场优势和内需潜力,构建国内国际双循环相互促进的新发展格局①。5 月 23 日,习近平总书记在参加全国政协十三届三次会议的经济界委员联组会时指出"着力打通生产、分配、流通、消费各个环节,逐步形成以国内大循

---

① 中共中央政治局常务委员会召开会议 分析国内外新冠肺炎疫情防控形势 研究部署抓好常态化疫情防控措施落地见效 研究提升产业链供应链稳定性和竞争力〔N〕. 人民日报, 2020 - 05 - 15.

环为主体、国内国际双循环相互促进的新发展格局①，进一步阐释了"双循环"特别是国内大循环的主要内容。此后，习近平总书记在不同场合又反复强调要加快形成以国内大循环为主体、国内国际双循环相互促进的新发展格局②③。

提出"双循环"发展思路，在于我们原有的循环尤其是国际循环遇到了一些问题。从全球层面来看，金融危机之后，全球贸易增长开始放缓，尤其是2011年后全球货物出口占GDP比重呈现趋势性回落，从2011年的24.49%降至2019年的21.35%，各行业出口占产出的比重普遍都在回落，其中，计算机和电子、机械和设备、电力机械占行业产出比重分别下降12.4个、8.9个和8.3个百分点④。此外，自2008年以来，全球新增自由化贸易协定数量明显减少，同时有害的贸易干预措施明显增加，从2009年的218例增加至2019年的891例⑤。在被干预领域中，金属、电子等领域被干预得最多，钢铁制品领域占3.42%，通用机械及零部件领域占1.06%，电子元件领域占比0.68%，这也与出口行业占比下降的领域基本一致。

从国家层面来看，自1995年以来，全球对我国发起的贸易救济立案数量震荡上行，由2000年以前的个位数升至2019年的超过100多起，2019年的立案数量同比增速超过20%⑥。其中，2010年以来全球对我国贸易救济案件数量最多的行业是钢铁工业，占比19.88%，其次是金属制品工业、化学原料和制品工业，占比分别为17.66%、15.54%，可见我国出口的劳动密集型产品比较优势在逐渐减弱。此外，从2008年以来施加或受到的有害贸易干预情况来看，美国是施加干预措施最多的国家，占全球的7.54%，而我国是受到干预最多的国家，占全球的3.49%⑦。

二、"内循环"为主体符合当前的发展阶段特征

经济发展最终要满足人民日益增长的美好生活需要，一方面涉及需求潜力，

① 习近平在看望参加政协会议的经济界委员时强调 坚持用全面辩证长远眼光分析经济形势 努力在危机中育新机于变局中开新局［N］.人民日报，2020 – 05 – 24.

② 习近平主持召开企业家座谈会强调 激发市场主体活力弘扬企业家精神 推动企业发挥更大作用实现更大发展［N］.人民日报，2020 – 07 – 22.

③ 中共中央政治局召开会议 决定召开十九届五中全会 分析研究当前经济形势和经济工作［N］.人民日报，2020 – 07 – 31.

④ 根据世界银行数据库相关数据测算。

⑤⑦ 根据全球贸易预警组织（Global Trade Alert）相关数据测算。

⑥ 根据中国贸易救济信息网相关数据测算。

另一方面涉及供给能力。在消费方面，我国已经成为全球第二大消费市场，社会消费品零售总额从 1992 年的 0.2 万亿美元增长到 2019 年的 6.0 万亿美元，社会消费水平大幅度提升，从增长趋势上来看，有望继续稳步增长，即将超越美国。尽管 2019 年我国居民消费占 GDP 比重仅为 39%，较美国 68% 的占比有明显差距，甚至不如同为发展中国家的印度（59%）①，但是我国依旧保持了全球较高的储蓄水平，2019 年为 44.6%，国内市场的可操作空间巨大，完全有能力吸纳由外需向内转换带来的供给，消费潜力空间巨大。

在供给方面，我国已经是名副其实的"世界工厂"，具备全面的产业配套能力，产业链条完整，市场体系完善，各类商品和服务供给的规模效应和集聚效应优势突出，工业产值从 1994 年的 2605 亿美元增加到 2019 年的 55898 亿美元，占全球比重从 3.14% 增加到 24.06%②，工业产值规模已经远远高于美国、日本、德国等制造业强国。随着我国工业的发展，供给能力逐步提升，贸易依存度呈现下降趋势，从 2006 年的 64.2% 下降到 2018 年的 33.7%，给内需市场的发展带来更广阔空间。

第二节　北京率先探索构建新发展格局面临的困境和难题

北京是信息、技术、资金、人才、数据汇聚的全国枢纽和全球重要节点，是引领创新和消费的重要城市，在打通国内国际双循环中责任重大、任务艰巨，要敢于担责任、负使命，积极破解"双循环"新发展格局的困境和难题。

一、从生产环节看，提升我国产业基础高级化和产业链现代化水平，北京责任重大、也大有作为

生产是经济活动的起点，也是经济循环的基础。生产能力与水平将直接影响我国在国际分工中的地位以及对人民美好生活向往的满足程度。

---

① 根据 Wind 数据库相关数据测算。
② 根据世界银行数据库相关数据测算。

（一）从国际看，我国尚处于全球价值链的中低端，关键技术受制于人，基础创新、"卡脖子"技术突破任务艰巨

自21世纪以来，我国在融入世界经济历程中取得了长足进步，已成为全球第二大经济体和第一大货物贸易国，在全球价值链分工中的地位也显著提升。WTO 等[①]对比2017年和2000年的全球价值链网络发现，无论是供给侧还是需求侧，无论是传统贸易（直接面对消费者）、简单贸易（仅一次跨境中间产品）还是复杂贸易（需要多次跨境中间产品），我国已经取代日本成为亚洲贸易中心，且相比日本，贸易网络的全球价值链"闭环"特征更为明显，对美国的依存度相对较低。

然而，我国对全球资源要素掌控能力仍然偏弱。根据世界银行《2020年世界发展报告》[②]，我国在全球价值链参与度上仍处于"先进制造业和服务业"层级，与欧美以"创新活动"参与全球价值链的地位依旧有距离。特别是制造业总体上仍处于全球价值链的中低端。虽然我国制造业增加值占全球份额达28%以上（2018年），接近美国、日本、德国总和，数百种工业品产量居全球首位，但"工业四基"[③]自主化程度仍然较低，通过利用外资、签署技术引进合同等方式引进消化吸收再创新的模式难以为继，核心技术受制于人成为威胁我国产业安全的最大隐患。同时，发达国家还通过控制价值链利润空间，挤压我国资本积累能力、研发投入能力和利润空间，影响我国企业可持续发展能力。

（二）从国内看，我国产业发展水平与高质量发展要求尚有差距，产业基础高级化和产业链现代化攻坚任务重大

过去，我国劳动力丰富，但资金、技术缺乏，与发达国家的经济互补性很强，通过加入国际大循环进而带动国内经济循环，可以很好地发挥我们的比较优势和后发优势。现在，我国人均GDP已超过1万美元，城镇化率超过60%，服务业占GDP的比重超过50%，已经迈过中等收入陷阱并进入新发展阶段。但从

① WTO, IDE – JETRO, OECD, World Bank Group, et al. Global Value Chain Development Report 2019：Technological Innovation, Supply Chain Trade and Workers in a Globalized World ［M］. Washington：World Bank Publications, 2019.

② 世界银行.《2020年世界发展报告：在全球价值链时代以贸易促发展》概述［R］. 华盛顿：世界银行，2020.

③ 工业基础能力主要包括核心基础零部件（元器件）、先进基础工艺、关键基础材料和产业技术基础四个方面（简称"工业四基"）。

巴西、阿根廷等国家发展的轨迹可以看出，我国进入高质量发展阶段的基础还不是十分牢固（见图2-1）。受国际环境复杂多变、人口数量红利逐步消退、劳动力成本持续上升、资源环境约束日益强化等困难挑战影响，过去通过"两头在外"参与国际经济大循环带动国内增长的循环方式越来越难以为继。打好产业基础高级化和产业链现代化攻坚战，更好地挖掘国内产业链供应链发展潜力，把满足国内需求作为发展的出发点和落脚点，提高自主可控发展能力，任务艰巨。

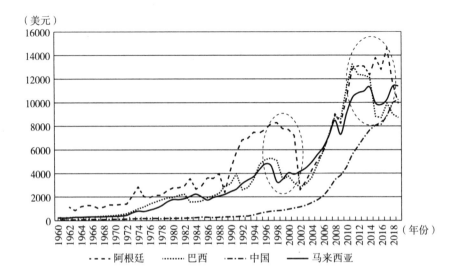

图2-1　中国与中等收入陷阱国家人均GDP对比

资料来源：世界银行数据库。

（三）从本市看，生产能力与支撑城市应急及日常运行必需尚有差距，适当补链延链强链任务紧迫

随着首都城市战略定位不断演进，受资源环境条件制约、工农业生产比较优势减弱等因素的影响，北京已由20世纪90年代工农业产品基本可以自给自足，发展到目前主要依靠外调。蔬菜、粮食等城市生活必需品在疫情期间经受了较大考验。农产品自给水平非常低，2018年，北京市粮食、蔬菜、肉类、禽蛋、水产品、牛奶的自给率分别仅为7%、9%、12%、35%、3%、32%[①]，且没有稳

---

① 王绍飞. 北京市农产品生产供应能力分析［J］. 商业现代化，2019（13）：7-8.

定的外埠基地作保障，受补贴方式单一（先建后补）、补贴标准较低、缺乏持续投入机制等因素影响，企业建设外埠基地的热情不高，疫情期间外埠基地发挥作用有限。工业消费品生产与需求之间的缺口也较大。除汽车外，主要工业消费品生产基本呈现逐年下滑趋势，人均产量与上海、全国相比均存在明显差距（见表2-1）。除汽车和移动通信手持机外，主要工业消费品的产量均明显低于销售量，尤其是家用洗衣机、家用电冰箱、彩色电视机等缺口巨大（见图2-2）。同时，文化体育用品、日化用品、医药制造等消费品工业基本清零。

表 2-1 2018 年北京与上海主要工业消费品人均产量对比

	北京	上海	全国
布（米）	0.092（2016 年）	3.795	50.058
汽车（辆）	0.077	0.123	0.020
家用电冰箱（台）	0.040（2013 年）	0.064（2013 年）	0.058
家用洗衣机（台）	0.00005（2012 年）	0.058	0.052
移动通信手持机（台）	4.192	1.951	1.290
微型电子计算机（台）	0.262	0.598	0.226
彩色电视机（台）	0.416	0.060	0.141

资料来源：国家统计局统计数据。

二、从消费环节看，吸引境外消费回流，北京责无旁贷、也机遇难得

消费是经济生产的终点和根本目的，也是经济循环的重要支撑。消费结构升级、消费潜力释放将为新发展格局下实现发展动力转换和经济平稳健康发展提供强大动力。

（一）从国际看，我国服务贸易逆差严重，吸引境外消费回流机遇难得

我国服务贸易虽然增长较快，但发展水平还不够高，是服务贸易大国还不是服务贸易强国[①]。服务贸易逆差已存续20多年，与货物和资本双顺差格局反差强烈，也与全球贸易结构生态明显错位。其中，海外留学、消费、人员、物品往来

① 自2013年以来一直是全球第一大贸易国，2017年占全球商品贸易的11.4%；但服务贸易额仅占全球总量的6.4%左右。

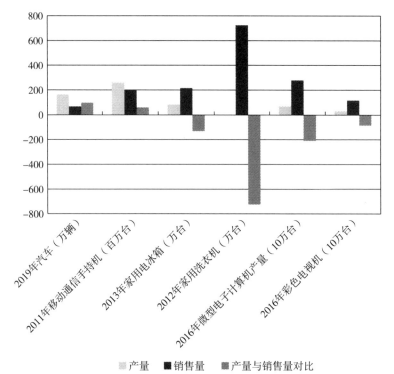

■产量　■销售量　■产量与销售量对比

图 2 - 2　北京市主要工业消费品产量与销售量对比

资料来源：北京市统计局宏观数据库历史数据。

等相关的旅行、运输服务两大行业是逆差的最主要原因（见图 2 - 3）。2018 年我国出境游客境外消费超过 1300 亿美元，已成为出境消费支出第一大国。麦肯锡《中国奢侈品报告 2019》①　显示，中国人奢侈品消费额约占全球奢侈品消费的1/3（约 1150 亿美元），且近 70% 的人选择在境外购买奢侈品，预计到 2025 年占比将增长至40%（绝对额值将增长近一倍）。

北京服务贸易总额大约占到全国的 1/5，境外消费居全国之首，旅行、运输服务两大行业占本市服务进口总额的 70%（见图 2 - 4），占全国同行业服务总进口约 16% 和 29%②，与此相关的旅游、教育、医疗等领域消费外流现象严重。受

---

①　麦肯锡中国区服装，时尚与奢侈品咨询团队．中国奢侈品报告 2019［R］．麦肯锡，2019.
　②　此数据不是准确数据，根据 2018 年北京数据和 2019 年全国数据大致估算。2018 年北京市旅行、运输两大行业进口分别为 420.4 亿美元和 315.7 亿美元，进出口差额分别为 -393.4 亿美元和 -261.9 亿美元，是服务业逆差的主要来源。2019 年全国旅行、运输两大行业进口分别为 17322.1 亿元和 7234.6 亿元，进出口差额分别为 -14941.6 亿元和 -4059.2 亿元，同样是服务业逆差的主要来源。

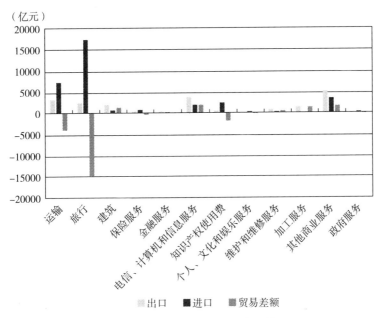

图 2 – 3　2019 年中国服务进出口情况

资料来源：中国商务部统计数据。

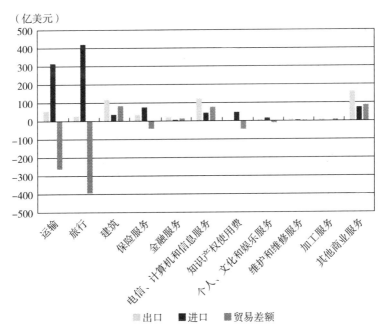

图 2 – 4　2018 年北京服务进出口情况

资料来源：北京市商务局统计数据。

国际环境变化特别是全球疫情蔓延影响，国际交往受阻，各国入境、旅游、留学等政策的调整是长期的，存在着购物、留学、就医等溢出型消费回流的潜在巨大机遇。

（二）从国内看，我国商品和服务的供给质量与人民对美好生活的向往尚有差距，服务国民消费升级潜力巨大

随着居民消费需求从"基本物质文化需要"向"美好生活需要"转变，从"有没有"向"好不好"转变，未来消费向高级化、服务化演进是主要趋势。2019 年我国医疗保健、教育文化娱乐服务的支出增速在各类消费中排名前两位，均为 12.9%（明显高于传统消费中衣着消费的 3.8%、食品烟酒的 8%），在整个支出中占比分别由 2013 年的 6.9%、10.6% 提高到 2019 年的 8.8%、11.7%（见图 2 – 5）。总体来看，我国消费仍处于 U 形曲线的爬坡阶段，居民消费率仅为 38.8%，远低于美国 68%、德国 52%、韩国 49% 的水平（见图 2 – 6）。2019 年我国服务消费占居民消费支出比重为 45.9%，处于实物消费和服务消费并重的阶段，相当于美国 20 世纪 70 年代的水平，服务类消费与美国差距显著（目前美国服务类消费占比 70% 左右)[①]，消费升级仍有较大空间。

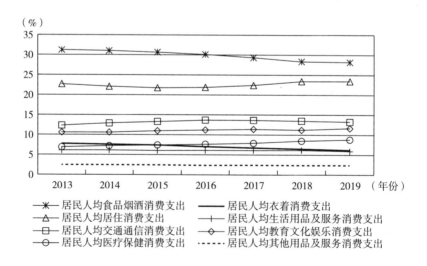

图 2 – 5 我国居民人均消费支出及其构成

资料来源：国家统计局统计数据。

[①] 姜雪. 中美居民消费结构的比较与启示［J］. 宏观经济管理，2019（7）：20 – 27.

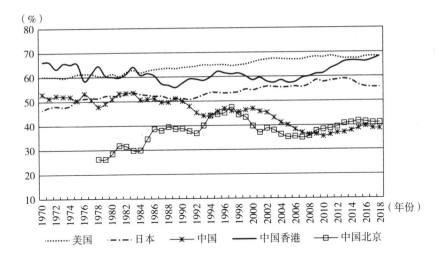

图 2-6 部分国家和地区居民消费率变化趋势比较

资料来源:世界银行数据库。

(三)从本市看,消费水平居全国前列,但消费市场大而不强,以更高品质消费驱动发展尤为紧迫

北京是以内需为主、消费占据更重要位置的消费驱动型城市。2019 年居民人均消费支出 43038 元,社会消费品零售总额 12270 亿元,均位居全国第二。与全国的情况类似,2018 年北京居民消费率为 41%,也处于 U 形曲线的爬坡阶段,与发达经济体和国际消费中心城市相比有较大差距,有较大提升空间。

一是部分高品质商品和服务"有需求、缺供给"。北京中高收入人群数量较多,居民消费已从基本消费转向高端化、个性化、多样化消费。从商品消费看,对奢侈品、珠宝首饰、化妆品、保健品等领域消费需求增加,智能化、高端化家用电器成为新消费热点。但与纽约、伦敦、巴黎和东京等国际消费城市①相比,北京的优质消费供给和创新不足,适应消费水平提升的高端化、个性化商品缺乏。从服务消费看,健康、养老、教育培训等领域的中高端消费需求快速增加,不具有针对性的基本服务产品已经难以满足居民的消费升级需求,改善型、享受型服务有效供给明显不足,导致大量中高端和新兴服务消费外流。

二是汽车、住房等领域受资源环境约束"有需求、难供给"。有需求市民要

---

① 国际消费城市通常不仅是国际知名品牌的汇聚地,更是全球新产品、新服务、新技术、新业态、新模式的首发地,引领着消费理念和国际消费潮流,掌握着全球消费价值链的核心环节。

么"储币待购"，要么通过京外消费来满足，产生"需求外溢"。长期看，市场积压的需求得不到合理释放，将影响汽车、住房消费对扩大内需的积极作用。

三、从流通环节看，构建与高质量发展要求相匹配的安全高效现代流通体系，北京任务艰巨、也潜力无限

流通是资源配置的有效载体，是经济活动的中间环节，是经济循环的基础骨架和市场接口，起到联结生产和消费的桥梁和纽带作用。流通水平提升将为新发展格局下实现供需匹配、效率提升、产业升级提供强大动力。

（一）从国内看，流通体系建设与高质量发展要求尚有差距

一是流通成本较高、效率较低。2019 年我国社会物流总费用占 GDP 比重为 14.7%，而美国日本等发达国家稳定在 8% ~ 9%，主要新兴经济体在 11% ~ 13%。根据世界银行公布的物流绩效指数，2018 年我国物流绩效指数为 3.61，高于全球平均水平，但与物流最为发达的德国、日本相比仍有较大差距①。

二是市场主体竞争力不强，缺乏比肩跨国流通巨头的大型企业集团。与国际知名的流通企业相比，我国流通企业价值增值能力、国际业务与经营网络拓展能力较弱。以阿里巴巴为例，2019 年跨境及全球零售收入占比仅为 5%，与亚马逊国际站（除北美以外全球市场）销售 31% 的占比相比仍然有较大差距。

三是流通设施、装备亟待升级，信息化、智能化技术应用范围依然有限。

（二）从本市看，北京作为全国流通枢纽地位呈衰退趋势，大宗商品的配置、农产品批发等专业物流体系不够健全

一是作为全国流通枢纽地位呈衰退趋势。尽管北京作为央企总部、大型企业营销总部集聚地和全国重要的交通枢纽，流通优势突出，但近年来流通枢纽的地位呈现衰退趋势。2015 年是重要拐点，货运量和货物周转量占全国比重前后相比下降近 1/3，批发业商品销售总额占全国比重也快速下降，2018 年仅为上海的 60%②。将视野拓展到京津冀城市群，与长三角、珠三角相比也存在明显差距。2017 年京津冀公路与铁路运营里程总数仅为长三角的 47.5%。2019 年京津冀机场旅客吞吐量和货邮吞吐量分别为长三角的 55.2% 和 39.7%，京津冀港口货物

① 让·弗朗索瓦·阿维斯. 世界银行物流绩效指数报告 2018——联结以竞争：全球经济中的贸易物流 [M]. 王波，译. 北京：中国财富出版社，2018.
② 根据国家统计局统计数据测算。

吞吐量和集装箱吞吐量分别为长三角的 31.2% 和 22.9%①。

二是运输结构调整仍有潜力可挖。近年来本市货运量稳中略降，由 2014 年的 2.95 亿吨回落到 2018 年的 2.52 亿吨，以公路运输为主，2018 年占比 80.3%，铁路仅占 2.3%②，运输结构调整仍有较大潜力。以商品车为例，本市商品车铁路运输比例约为 5%，远低于全国 20% 的平均水平，而本市矿建材料的铁路运输比例仅为 0.3%③，公转铁的潜力依然较大。

三是大宗商品流通体系亟须完善。大宗商品事关国计民生，涉及农林牧渔、能源化工、金属矿产等诸多基础性产业，是我国经济发展的基石。我国大宗商品的进口依存度比较高，2019 年石油和天然气进口依存度分别高达 72.55% 和 40.94%；棕榈油、大豆、茶籽油和棉花等农产品的进口依存度也分别高达 97.74%、86.24%、41.82% 和 33.67%④。2019 年，全国 59% 的原油、63.3% 的天然气、22.3% 的成品油、15.7% 的铁矿砂及其精矿、14.9% 的农产品，以及 51.1% 的汽车、25.4% 的医药品、22.1% 的文化产品进口是由一批"全球采购、全国批发"的在京企业来实现⑤，奠定了首都在全国大宗物资流通中的枢纽地位，守护着国家能源、矿产、粮食、文化等战略安全。加快大宗商品现代流通体系的建设，提高企业在全球配置资源的能力、提高配置效率，维护国家战略安全尤为紧迫。

四是农产品批发等专业流通体系不够健全。农产品批发市场布局不够合理，此次疫情期间经受了巨大考验。丰台区新发地批发市场承担着北京近九成果蔬的供给，批发市场布局过于密集对其他城区的果蔬供给带来一定"瓶颈"。而且服务功能较为单一，不能适应现代物流业发展。着眼应急和城市日常运行完善农产品流通体系极为关键。

---

① 根据中国交通运输部统计数据测算。

② 根据《北京统计年鉴》（2019）相关数据测算。

③ 北京交通发展研究院. 关于北京市运输结构调整的几点建议 ［EB/OL］. 2018 – 09 – 29，http：// www. bjtrc. org. cn/Show/index/cid/3/id/392. html.

④ 陈果，夏凡捷. "国内大循环"新格局，如何引领中国经济乘风破浪 ［R］. 安信证券报告，2020.

⑤ 根据中国海关、北京海关统计数据测算。

第三节 北京率先探索构建新发展格局的主要路径

立足北京人才、资本、技术、数据等优质高端要素，深度参与国内市场和国际市场联通，以金融、信息、科技、商务、流通等首都生产性服务业领先优势，更好地利用国际国内两个市场、两种资源，发挥好国内循环枢纽和国际循环战略支点的作用，实施六大战略，抓机遇、重行动，率先探索构建"双循环"新发展格局的有效路径，助力提升我国产业基础高级化和产业链现代化水平，提升我国对全球资源要素的配置能力，提升供给体系对国内需求的适配性，引领全国塑造国际竞争合作新优势，为国家"双循环"新发展格局做出更多北京贡献（见图 2 - 7）。

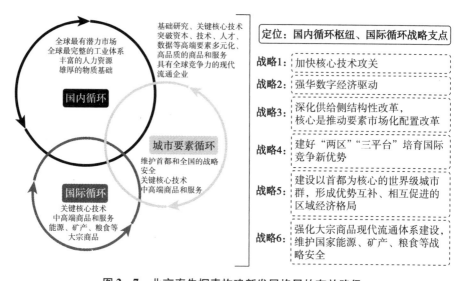

图 2 - 7 北京率先探索构建新发展格局的有效路径

一、战略 1：加快关键核心技术攻关，提升我国在全球产业分工体系中的能级，提升我国产业基础能力和产业链现代化水平

首都科技创新资源富集、质量高端、科技水平处于前沿，有强大的数、理、化、生物等基础研究优势。要依托核心技术攻关的新型举国体制,抢抓新一轮科技革命和产业变革机遇,面向世界科技前沿、经济主战场、国家重大需求、人民生命健康,办好国家实验室、集聚和培育国家战略科技力量,推进"三城一区"融合发展、深化科技体制改革、强化企业创新主体地位。

一是抓基础(主干)创新。围绕人工智能、多媒体、纳米技术、生物技术、基因工程、人体器官再生、超导体和量子计算机等战略必争领域,部署重大基础研究和前沿技术研究项目,补齐基础研究短板,抢占全球科技制高点。

二是抓关键技术突破。聚焦西方国家对我国集中进行技术封锁的集成电路、核心元器件、基础软件、新材料等"卡脖子"领域进行攻关,实现更多"从0到1"的突破,提高自主创新能力和国产替代水平,强化技术对全国经济高质量发展的引领作用。

三是实施产业链提升工程。通过产业协同延链、企业培育建链、项目牵引强链、创新提升补链、数智赋能畅链、要素保障稳链等行动,巩固优势领域、培育新兴产业,提高满足内需的能力,增强全国产业链供应链安全性和稳定性,引领全国在全球价值链分工体系中地位的提升。

四是强化创新对首都发展的引擎作用。从源头改革形成市场导向的科技投入产出机制,更多运用市场方式、经济手段解决科技创新立项、决策、预算投入、利益分配等问题。围绕市场需求打造创新联合体,更充分地激活、优化整合在京各类创新资源,更好地将科技优势转化为首都经济实力,助力实现首都高质量发展。

二、战略2:强化数字经济驱动,推动我国由数据资源大国迈向数据利用强国

数字技术强势崛起成为推动未来经济社会发展变革的重要驱动力量,数据已经成为影响新一轮全球竞争的关键要素。北京数据资源优势得天独厚,优质企业多[1],人才基础好[2],数字经济增加值占 GDP 比重达38%,居全国首位,有条件、有机会、也有实力引领全国并抢占全球数字经济发展制高点。

---

① 已经在装备制造、安全监测、机器人等领域集聚了一批龙头企业,小米、美团、百度等22 家企业上榜"2019 年大数据企业50 强"。

② 据北京智源人工智能研究院公布的《2020 北京人工智能发展报告》,北京 AI 领域学者 4167 人,占全国近 1/4,AI 高层次学者 79 位,占全国近一半。

一是代表全国抢占全球数字经济高地。加快推动新理论、新硬件、新软件、新算法等数字底层技术创新，在大数据、云计算、物联网、人工智能、5G、VR/AR、区块链等领域培育具有全球影响力的数据驱动型企业，加速形成数据驱动的新型数字产业体系，打造具有国际竞争力的数字产业集群，努力建设全球数字经济标杆城市。

二是驱动全国经济发展质量变革。北京的数据、数字技术、数字人才、数据驱动型企业将在驱动全国经济发展质量变革中继续发挥重要作用，不仅推动经济发展质量变革、效率变革、动力变革，更会带来政府、组织、企业等治理模式的深刻变化。

三是引领全国"数字新消费"。北京超大型城市的市场需求为数字技术发展提供广阔丰富的应用场景，有利于形成新技术快速大规模应用和迭代升级的独特优势。5G手机、AR/VR、智能网联汽车、工业互联网、远程医疗、在线教育、数字化治理等包括个人、企业和政府在内的数字消费新需求、新业态、新模式将加速推广，数字产业化、产业数字化应用广度和深度将不断拓展。

三、战略3：加快供给侧结构性改革，提升供给体系对需求的适配性，吸引境外消费回流，服务国民消费升级

北京作为全国服务业中心城市，全国高端商品消费、服务消费集聚地，金融、科技、信息、商务服务等生产性服务业辐射全国，有条件、有机会、也有实力通过提升供给体系的质量引领支撑全国消费升级，为畅通国内外循环做出贡献。

一是提供多元化、高品质公共服务。率先从教育、医疗等领域的中高端部分切入，借鉴海南自贸港国际教育、国际医疗试点经验，积极争取相关政策，加快探索社会力量参与公共服务的更为有效渠道，加快研究REITS等金融工具在民生设施建设运营中的应用，以多元化供给满足多样化需求，吸引境外消费回流和国内相关消费本地化。

二是培育更有竞争力的优质商品品牌。瞄准全球快时尚品牌、中高端轻奢品牌、顶级消费品牌，吸引品牌连锁店、旗舰店、体验店入驻，打造国际品牌集聚地和展示交易平台。紧抓大兴国际机场周边布局国际消费枢纽机遇，荟萃世界五大洲中高端优质商品，增强国际消费供给能力。把握国际消费市场转移趋势，形成国货精品消费聚集区，提高国货精品的认知度和影响力。

三是积极争取免税政策突破。免税消费近期成为多地促消费的重要抓手,海南已经取得良好效果①。2020 年 6 月,财政部授予王府井集团股份有限公司免税品经营资质,为北京抢抓免税消费政策红利带来了难得机遇。但市内免税店业务竞争十分激烈②,北京需要进一步利用好服务业扩大开放政策,积极争取放宽市场准入政策,扩充免税业市场容量,放宽国民免税购物限制,引导国民境外购物回流。

四、战略 4:充分发挥"两区""三平台"叠加优势,引领全国实现更高水平开放,培育国际竞争新优势

中央支持本市打造国家服务业扩大开放综合示范区,设立以科技创新、服务业开放、数字经济为特征的自由贸易试验区,拉开首都"两区""三平台"的崭新开放格局,这是北京自改革开放以来第二次开放新的最大机遇,将成为北京畅通连接国内国际双循环的桥头堡和国家开放的风向标。本市试点式的、局部的开放制度创新将向系统化、整体化制度设计转变,制度高地叠加环境高地优势将发挥乘数效应,显著增强国内国际联动效应,助力提升在世界经济格局中的地位。

一是用好用足"两区"政策,加快形成与国际投资贸易通行规则相衔接的制度体系和营商环境。通过"产业开放 + 园区开放"并行突破,推动服务业扩大开放与自贸试验区建设联动创新,贸易便利、投资便利化程度将显著提升,医疗、健康、教育、金融等领域对内对外开放步伐将进一步加快,新业态、新模式、新路径将不断涌现。通过探索引进考试机构及理工类学科国际教材等,适当加大国际教育供给,更好地满足特色化、国际化教育需求。通过谋划建设数字国际医院,加快医疗领域国际化接轨,打造跨境数字医疗服务闭环,解决赴海外就医"痛点"。积极争取设立北京证券交易所,全面配合落实新三板深化改革,强化银行、证券、保险等对全国工业化、信息化、城镇化和农业现代化建设的支持。

二是发挥好"三平台"作用,提升国际影响力。服贸会、中关村论坛、金融街论坛是北京为国家开放发展打造的三块金字招牌,以"三平台"为依托,

---

① 2020 年 7 月,海南离岛免税购物政策进一步放宽,离岛旅客每年每人免税购物额度调整为 10 万元,极大地刺激了免税消费,7 月、8 月、9 月免税购物金额同比增长 227.9%、217.2%、238.5%。

② 近期百联股份(上海)、岭南控股(广州)、鄂武商 A(武汉)、大商股份(大连)等多家上市公司已开展免税经营资质申请,将成为王府井的有力竞争者。

为央企、市属国企、民营企业海外并购、资源开发、基础设施建设、产能合作等提供全流程服务，将在助力国内优秀企业"走出去"、国外优质资源要素"引进来""双向开放"中发挥重要作用。

五、战略5：发挥好首都核心带动作用，推动京津冀城市群实现更高效率协同、更高水平开放和更高质量发展

城市群在践行新发展理念、构建新发展格局、推动高质量发展中具有示范引领作用。充分发挥首都核心作用，以点带面、均衡发展，促进城市群内要素自由流动，促进区域内分工协作、优势互补，纵深推进京津冀协同发展，是畅通循环的有效途径。

一是通过投资拉动内需畅通循环。加快建设以高铁、城际铁路、普通铁路、市郊铁路、城市地铁与轻轨等组成的多层次轨道交通系统，构建轨道上的京津冀，拉开城市群发展骨架。在城市群内前瞻性布局5G、大数据中心、人工智能等新基建，持续拓展前沿科技应用场景，不断优化新兴消费供给，以"五新"①加快培育壮大新业态、培育新模式，为经济循环发展持续注入新动力新活力。

二是通过要素流动、产业分工畅通循环。持续推动京津冀深化分工加强合作，促进城市群内要素自由流动，强化科技驱动、服务带动城市群转型发展的意识。把首都优势领域产业链做长做精，提升首都核心功能的同时优化区域产业结构、促进区域经济增长，带动城市群内各类城市充分发展，实现区域协同。

三是通过新型城镇化建设畅通循环。充分发挥首都核心带动作用、高水平建设城市副中心和雄安新区"两翼"，唱好京津双城记，努力提升区域轴线上节点城市的发展机会和能力，引导资源要素向城市群内重要功能节点集聚，提前谋划相关空间、功能布局和基础设施、公共服务配套，实现资源要素更广阔范围的合理、高效配置，促进经济发展和就业扩大，推动区域新型城镇化健康发展。

六、战略6：强化现代流通体系建设，助推全国供应链稳定畅通，实现供需匹配、效率提升

高效的现代流通体系建设，是打通经济循环的重要抓手，能够在更大范围把

---

① "五新"即新基建、新场景、新消费、新开放、新服务。2020年6月10日，《关于加快培育壮大新业态新模式促进北京经济高质量发展的若干意见》发布实施，围绕新基建、新场景、新消费、新开放、新服务分别提出了相关的政策措施。

生产和消费联系起来，扩大交易范围，推动分工深化，提高生产效率，促进财富创造。北京作为全国流通枢纽，推动现代流通体系建设，对于畅通国内外循环具有重要意义。需要以供应链为核心重构流通体系、以国际化为方向塑造竞争优势、以数字化为导向创新流通模式，进一步优化结构、降低成本、提升效率，强化供需对接，提升供应链的安全性稳定性。

一是形成统一开放的交通运输市场。优化完善综合运输通道布局，提升主要物流通道铁路运输能力，加强高铁货运和国际航空货运能力建设，加快形成内外联通、安全高效的物流网络。围绕商品车、钢铁、农副产品等重点货类，加快推动货物运输"公转铁"，打造"铁路＋新能源汽车"的全链条零排放绿色综合运输模式，打通铁路运输"最后一公里"。

二是培育一批具有全球竞争力的现代流通企业。推进供应链体系升级与创新，深入挖掘消费者需求，将消费需求贯穿产品设计、采购、生产、销售、服务等全过程，推动生产型供应链向消费型转变，为消费者提供个性化、多样化商品。依托区块链、物联网、大数据、云计算等技术，推进企业数字化、智能化改造和跨界融合，为上下游企业搭建系统服务平台，提供仓储、交易、供应链金融等综合性服务，构建高效协同的现代化供应链体系，提高流通企业的现代化水平和全球竞争力。

三是强化能源、矿产、粮食等大宗商品流通体系建设。有效发挥以央企总部为重点的各类总部的全球资源配置作用，提升专业化、国际化水平。加强对生物育种、"煤变油"[①] 等技术的研究和突破，努力降低大宗商品的对外依存度。

四是强化城市应急及日常运行必需品流通体系建设。充分利用阿里巴巴、京东等电商平台的仓储、物流体系优势，扩大与电商平台在购买服务方面的合作范围。牢牢抓住大宗蔬菜自主权，以国有农业龙头企业为主导，建设大宗蔬菜外埠基地，提高粮食、蔬菜等本地供应能力。合理利用国有企业腾退土地建设一批集批发集散、数字平台、净菜加工功能于一体的中型批发市场。

执笔人：刘作丽　王术华　吴伯男　孟香君

---

① "煤变油"是以煤炭为原料，通过化学加工和化工转化得到的液态的、可作为燃料或替代燃料使用的产品，发展煤基液体燃料是补充石油基燃料缺口的较好途径。

第三章　北京人口发展趋势研判

人口作为经济社会发展的最基本要素，具有基础性和战略性地位，也有隐蔽性、渐进性、累积性和长期性等特征。人口发展的规模、结构和空间分布是编制五年规划的基础，是编制产业发展、公共服务、基础设施等各项规划的基本前提。因此，通过长时段、规律性、比较式、风险型的综合分析，把握北京人口发展方向及重点，准确研判北京"十四五"时期人口发展的趋势，有利于提出有效的应对建议。

第一节　2000 年以来北京人口发展的基本特征

近年来，各国学者在全球范围内开展了大量而富有成效的人口研究。研究表明：从空间分布来看，人口向城市集聚、特别是向城市群集聚是普遍规律，东京、首尔城市群分别承载了全国约 30%、50% 的人口。从世界城市维度来看[①]，规模上呈现"前期缓慢—中期加速（快速）—后期平稳"发展历程，构成上迁移人口（外来人口）是人口增长的最重要因素，结构上"老龄化""少子化"现象突出，空间上中心人口集聚现象依然存在但布局日趋合理，就业上传统生活性服务业就业结构基本保持稳定。

具体到北京，自 2000 年以来，北京人口规模经历了从快速增长到渐趋平稳

---

① 尹德挺，卢镱逢．世界大城市人口发展的主要特点与借鉴——以对北京的借鉴为例 ［J］．治理现代化研究，2018（2）：74 - 82.

的过程,"十三五"时期开始进入"控总量、提质量、优布局"的发展阶段,总体上呈现出四个特征:规模变化从快速增长转向渐趋平稳、年龄结构进入"超少子老龄化"阶段、效率提升进入较快发展时期、布局从中心城向城市发展新区集中。从不同发展阶段来看,北京人口发展符合世界及全国人口发展走势,也受全国人口格局变化、经济发展、政策调整、公共服务供给等因素影响。

一、人口规模变化从快速增长转向渐趋平稳

常住人口规模从2000年的1363.6万人增加到2016年的2172.9万人,2019年①为2153.6万人(见图3-1)。其中,2017年开始连续三年小幅下降,规模总量趋于稳定。2000~2009年、2009~2016年、2016~2019年年均增幅分别为3.5%、2.6%、-0.3%。

常住外来人口是变化主因,2000~2015年规模和占比都持续上升,从256.1万人、18.8%增长到822.6万人、37.9%,2015年后开始下降,到2019年达到745.6万人,占常住人口比重为34.6%。

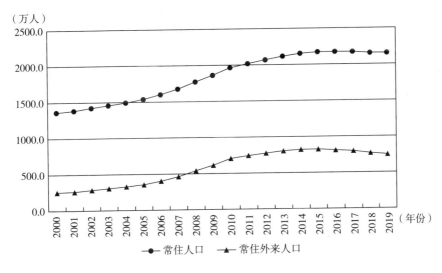

图3-1 2000~2018年北京常住人口规模变化

资料来源:《北京统计年鉴》(2019)。

---

① 根据数据可获取情况,本文尽量选用最新统计数据。

二、人口年龄结构进入"超少子老龄化"阶段

"超少子老龄化"① 问题突出。2000～2019 年，0～14 岁人口占比从 13.6% 下降到 10.5%，65 岁及以上人口占比从 8.4% 提高到 11.4%。户籍人口进入深度老龄化阶段，2018 年户籍人口中 65 岁及以上老人占比为 17.2%。劳动力资源② "老化"程度加重。40～49 岁和 50～59 岁人口占劳动力资源比重从 2010 年的 21.2%、16.5% 提高到 2018 年的 22.4%、21.2%。具体年龄结构如表 3－1 所示。

表 3－1　2000～2019 年北京主要年份儿童和老人占比变化　　　单位:%

年份	0～14 岁	15～59 岁	60 岁及以上
2000	13.6	73.9	12.5
2010	8.6	78.9	12.5
2011	9.0	77.7	13.3
2012	9.4	76.8	13.8
2013	9.5	76.6	14.0
2014	9.9	75.2	14.9
2015	10.1	74.2	15.7
2016	10.4	73.7	16.0
2017	10.4	73.1	16.5
2018	10.6	72.5	16.9
2019	10.5	72.3	17.2

资料来源:《北京统计年鉴》(2019)。

---

① 据人口统计学标准:一个社会 0～14 岁人口占比 15%～18% 为"严重少子化"，15% 以内为"超少子化"。联合国规定:当一个国家或地区 65 岁及以上老年人口数量占总人口比例超过 7% 即进入老龄化，比例达到 14% 即进入深度老龄化，20% 则进入超老龄化。
② 根据我国对劳动年龄的限定:男性及女性下限都是 16 岁，上限男性为 60 岁，女性体力劳动者为 50 岁，脑力劳动者为 55 岁。据此，本书劳动力资源口径采用 15～59 岁劳动年龄人口来表示。

三、人口素质和效率提升进入较快发展时期

教育结构向高位位移。2000～2017 年，六岁以上人口中，大专及以上人口占比从 16.8% 增长到 37.3%，高中中专、初中及以下人口占比分别下降了 1.2 个和 12.1 个百分点。人口平均受教育年限从 9.6 年增长到 12.7 年。

健康素质大幅增强。人口平均期望寿命 2000 年为 77.5 岁，2010 年为 80.8 岁，2018 年为 82.2 岁。

劳动生产率加速提升。按统计口径从业人员①测算的劳动生产率从 2000 年的 5.2 万元/人增加到 2018 年的 24.5 万元/人。其中，2000～2004 年、2004～2018 年劳动生产率年均增幅分别为 0.51 万元、1.23 万元，如表 3－2 所示。

表 3－2　2000～2018 年北京劳动生产率　　　　单位：万元/人

年份	综合	第一产业	第二产业	第三产业
2000	5.19	1.09	5.00	6.19
2001	5.99	1.13	5.32	7.44
2002	6.47	1.22	5.35	8.12
2003	7.26	1.34	6.63	8.49
2004	7.22	1.39	8.02	7.52
2005	8.13	1.40	8.85	8.57
2006	9.04	1.45	9.84	9.48
2007	10.68	1.63	11.11	11.38
2008	11.61	1.77	12.74	12.16
2009	12.44	1.88	14.31	12.82
2010	14.00	2.00	16.71	14.24
2011	15.54	2.28	17.12	16.10
2012	16.57	2.59	19.10	16.89
2013	17.82	2.88	20.83	18.04

---

① 考虑到数据的连贯性和可比性，此处用统计年鉴数据进行比较说明。

续表

年份	综合	第一产业	第二产业	第三产业
2014	18.97	3.04	22.22	19.14
2015	19.97	2.79	23.21	20.20
2016	21.04	2.62	25.62	21.07
2017	22.47	2.47	27.63	22.45
2018	24.49	2.61	31.00	24.31

资料来源：根据《北京统计年鉴》（2019）数据推算。

从业结构呈现"服务业主导"特征。2000～2018年，北京从业人员三次产业分布从11.8∶33.6∶54.6转变为3.7∶14.7∶81.6，具体如图3-2所示。

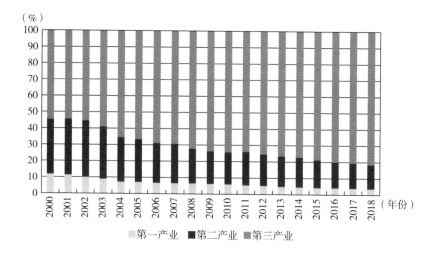

图3-2　2000～2018年北京从业人员三次产业分布

资料来源：《北京统计年鉴》（2019）。

四、人口分布从中心城向城市发展新区集中

常住人口呈现核心区和拓展区下降、发展新区上升的趋势。2000～2018年，首都功能核心区、城市功能拓展区常住人口占全市的比重分别从15.6%、47.1%下降到9.2%、44.5%，城市发展新区常住人口比重上升了11个百分点，如图

3－3所示。

除东城、西城外，各区人口都有增加，昌平、大兴成为人口集聚热点区。2000～2018年，昌平、大兴人口年均增幅最大，达5%以上；其次是通州、门头沟、顺义，人口年均增幅均在3%～5%（见图3－4）。从增量人口分布来看，2000～2018年，昌平、朝阳、大兴、海淀人口增量分别占到全市的18.5%、16.2%、13.9%、13.7%。

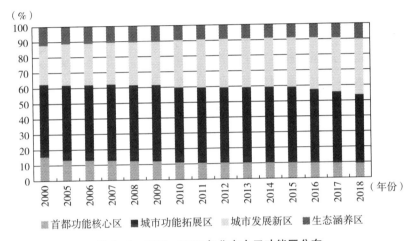

图3－3 2000～2018年北京人口功能区分布

资料来源：《北京区域统计年鉴》（2019）。

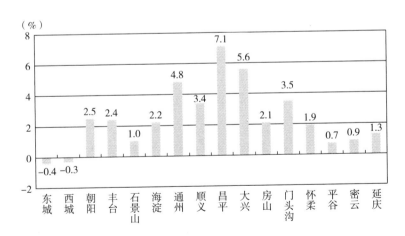

图3－4 2000～2018年北京各区人口年均增幅变化

资料来源：《北京区域统计年鉴》（2019）。

第二节 北京人口变化的主要原因分析

自 2000 年以来，北京人口迁移变化的主要因素有：环境因素、经济因素、政策因素和社会因素。

一、环境因素是基础

城市人口的发展必须放在历史长河中，遵循人口发展基本规律，符合世界、全国人口发展大势，也要受到全国总体人口发展格局变化的影响。

一是世界大城市日趋增多。根据联合国《2018 年世界城市化展望》，全球人口超 1000 万的大城市数量从 2014 年的 28 个增加到了 2018 年的 33 个，预计 2030 年将达到 43 个。

二是全国城镇化发展趋势是人口向以北上广深为代表的特大型城市迁移。

三是从人口发展格局变化来看，2014 年开始的户籍制度改革引发多地"抢人大战"，北京常住外来人口连续 3 年下降，在京高校毕业生留京率持续走低。2014～2018 年，在京高校毕业生留京率从 75.4% 降到 62.5%，清华大学、北京大学毕业生留京率均已降至 40% 以下。

二、经济因素是根本

一是世界各国人口迁移倾向于向高收入经济体城市聚集。从经济—人口比值①看，全球高收入国家 50 万人以上城市功能区中位数为 1.01。东京、纽约、伦敦分别为 1.92、1.67、1.66。2019 年上海、广州分别为 2.22、2.18，北京为 2.32。

二是北京功能集中优势带来经济快速发展，就业机会多、收入水平高，成为北方人口首要迁入地。2000～2015 年，北京与河北城镇单位在岗职工平均工资绝对差从 8569 元扩大到 60664 元，常住外来人口占比从 18.78% 增长到 37.9%。

---

① 经济—人口比值：区域经济份额与人口份额的比值，当比值趋近于 0 时，该区域人口很可能呈净迁出状态；比值等于 1 时，人口净迁入规模很可能接近于 0；比值趋近于 +∞ 时，人口很可能呈净迁入状态。

2010 年人口普查显示，北京常住外来人口中，"秦岭—淮河"线以北的省市①人口占比达到 70.3%。

三是经济增长推动人口产业结构深度变迁。自 2000 年以来，北京服务业主导的经济格局基本形成并不断深化，从业人员与产值占比趋于一致。2000~2018年，北京第二产业、第三产业产值和从业人员占比差分别从 -1.2%、10.5% 缩小为 -0.6%、3.9%（见表 3-3）。

表 3-3 2000~2018 年北京第二产业、第三产业产值和从业人员占比

单位:%

年份	第二产业		第三产业	
	产值占比	就业占比	产值占比	就业占比
2000	32.39	33.62	65.14	54.61
2001	30.44	34.33	67.42	54.35
2002	28.65	34.64	69.48	55.40
2003	29.35	32.11	69.01	58.98
2004	30.30	27.26	68.32	65.54
2005	28.64	26.32	70.14	66.59
2006	26.68	24.51	72.27	68.94
2007	25.16	24.20	73.85	69.34
2008	23.19	21.14	75.83	72.43
2009	23.00	19.99	76.06	73.78
2010	23.46	19.65	75.69	74.40
2011	22.57	20.49	76.62	73.98
2012	22.13	19.20	77.07	75.63
2013	21.61	18.48	77.61	76.66
2014	21.25	18.15	78.02	77.32
2015	19.68	16.93	79.73	78.83
2016	19.26	15.82	80.23	80.12
2017	19.01	15.47	80.56	80.63
2018	18.63	14.72	80.98	81.61

资料来源：根据《北京统计年鉴》（2019）测算。

① 以"秦岭—淮河"一线为地理分界线，我国北方主要包括 12 个省和 2 个直辖市：12 个省分别是山东省、山西省、河南省、河北省、吉林省、辽宁省、黑龙江省、陕西省、宁夏回族自治区、甘肃省、内蒙古自治区、新疆维吾尔自治区；2 个直辖市是北京市和天津市。

四是房屋建设郊区化带动人口分布的郊区化。2006～2018 年，北京累计房屋竣工面积中，城市发展新区和功能拓展区占比分别为 42% 和 41.5%。从年度房屋竣工面积分布来看，2006～2018 年，城市发展新区占比上升了 26.3 个百分点，功能核心区和拓展区占比分别下降了 7.8 个和 30.6 个百分点，如图 3 - 5 所示。

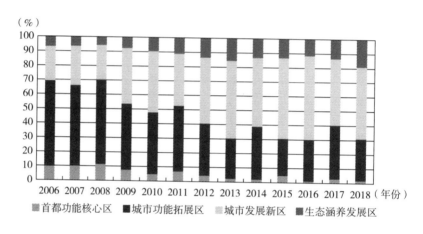

图 3 - 5　2006～2018 年北京各功能区房屋竣工面积占比

资料来源：《北京统计年鉴》(2019)。

三、政策因素是推力

　　一是生育政策调整。2013 年单独二孩、2015 年全面二孩政策相继实施，人口出生率波动较大，2011 年、2014 年、2015 年、2016 年、2018 年分别为 8.3‰、9.8‰、8‰、9.3‰、8.2‰。人口自然增长率整体低于全国平均水平。

　　二是住宅商品化政策推出。1998 年实施的住房货币化、商品化、市场化政策，为人口增长提供了容纳空间。2000～2018 年，北京住宅竣工面积累计 3.9 亿平方米，按 2018 年城镇居民人均住房面积 33 平方米计算，可容纳约 1180 万人。

　　三是高校扩招政策的实施。1999 年开始并持续多年的高校扩招，大量毕业生留京。2000～2015 年①，北京普通本专科招生数量从 9.9 万人提高到 15.3 万人，年均增长 2.9%。2003～2018 年累计有 222.9 万普通本专科学生毕业，年均

---

①　2015 年北京多所高校宣布不再扩大本专科招生规模。

毕业人数是 1998～2002 年的 2.5 倍，按照 70%[①]的留京率计算，约 150 万人留京。

四是非首都功能疏解政策推进。从 2015 年开始，北京一批区域性批发市场、一般性制造业企业、高校、医院等有序疏解，带动了人口疏解；拆除违法建设、治理地下空间和城市建筑规模减量并重，减少了人口聚集空间。2015～2019 年年均住宅竣工面积与 1998～2014 年相比[②]下降了 40.5%。

四、社会因素是引力

主要指文化、教育、医疗等公共服务资源优势带来的吸引力。比如：北京是世界拥有博物馆数量第二多的城市（仅次于伦敦）；211 大学和 985 大学数量分别占到全国的 22.4% 和 20.5%。2018 年，北京每千常住人口拥有的医院床位数、执业（助理）医师数、注册护士数分别是河北的 1.3 倍、1.6 倍、2.3 倍，天津的 1.4 倍、1.6 倍、2.1 倍。

第三节 北京"十四五"时期人口发展趋势研判

从全球人口发展来看，世界人口总量持续增加但增速放缓[③]，预计在未来 30 年将再增加 20 亿人，从 2019 年的 77 亿人增加至 2050 年的 97 亿人。从我国人口发展来看，自 21 世纪以来总和生育率长期维持低水平，"十四五"人口规模增长惯性减弱[④]。这是研判北京"十四五"时期人口发展的大背景。

"十四五"时期，北京产业、公共服务等在全国尤其是北方地区中的优势地位依然保持，北京对北方地区人口的吸引力仍然较强。同时，"十四五"也是北京落实京津冀协同发展战略和新版城市总体规划的重要时期，要密切结合国家政策部署，预测未来五年北京人口发展趋势。总的来看，呈现总量上"稳中趋

---

① 2014 年以前，北京高校留京率都在 70% 以上，2015 年以后降至 60% 以下，因此，此处选用平均 70% 的留京率进行估算。

② 考虑到 1998 年住房的市场化商品化货币化改革，因此，此处选用 1998 年开始的数据。

③ 资料来源：《世界人口展望》（2019）。

④ 资料来源：《国家人口发展规划（2016—2030 年）》。

降"、空间上"圈层分布"和结构上"三升一降"态势（人口年龄中位数上升、老年人口比重上升、劳动生产率提升、劳动力资源占比下降），同时，还要警惕"规模急降、人才难留、贴边聚集"风险。

一、人口规模上，总量稳中趋降，外来人口持续减少

一是外部拉力加大促使人口总量稳中趋降。由于北京与周边地区在收入、公共服务等方面的差距短期难以拉平，有吸引华北、东北、西北"三北"地区的内驱动力。与此同时，北京人口变化还受到国内重点城市人才（人口）竞争加剧、京津冀城市群竞争力相对不足、非首都功能疏解持续推进以及全国人口增速下降特别是东北人口总量"塌陷"等的影响。总体来看，外在拉力因素多于内驱动力因素，"十四五"期间人口总量将呈现稳中有小幅下降趋势。按照近三年每年下降 6 万人的平均水平计算，估计下降 30 万人。

二是常住外来人口将持续减少。北京市近三年的常住人口下降主要是常住外来人口的下降，"十四五"时期这一趋势仍将延续。相关研究表明，我国经济的南北差距逐步拉大，京津冀区域人口吸引力下降[1]，北京、天津的外流人群向南方流动。流管部门数据显示，非京籍青年大学毕业生 2016 年以来以每年 2 万人的速度减少，加上"疏解整治促提升"继续向精细化方向发展挤压了外来人口在京工作、生活的空间，部分产业在津冀转移带走人口，外来人口数量将持续减少。

二、人口结构上，少子老龄高龄化叠加，劳动力资源缺约 200 万人

一是超少子化、深度老龄化、高龄化叠加。随着二孩政策释放效应进一步减弱，常住人口出生率将稳定在 8‰~9‰，超少子状态将持续。新增劳动力减少和户籍人口老龄化问题将加重北京老龄化程度，预计到 2025 年，北京 65 岁以上常住老年人口占比将达到 17%，进入深度老龄化。高龄化趋势明显，80 岁以上常住老年人口将达到 15.2%。并且，失能失智老年人口规模将达到 40 万人，部

---

① 多年来，京津冀地区的人口一直处在快速集聚之中，占全国人口的比重由 2005 年的 7.21% 增长到 2017 年的 8.09%，增加了 1815.3 万人。在各地纷纷出台"抢人"政策的背景下，2017 年全国人口流动出现了新景象。2011~2016 曾经人口流入最多的北京、上海、天津在 2017 年转为负增长，人口更多流向广州、深圳、重庆、成都、长沙、武汉等城市。2017 年京津冀城市群常住人口增长 42.02 万，其中，北京、天津分别减少 2.2 万、5.25 万，河北几乎全为自然增长（49.46 万），除了石家庄等少数城市外，邢台、邯郸、张家口、沧州等大多数城市人口净流量都为负。

分老旧小区特别是前身为国企公房的老旧小区成为"濒亡小区",即大部分居民为超过80岁的高龄老人。

二是人口总体年龄中位数将持续上升,"变老"趋势明显。自2010年以来,北京20~24岁人口持续减少,35~39岁和45~54岁人口明显增多(见表3-4)。"十四五"期间人口"变老"趋势仍将继续,年龄中位数将持续上升。预计到2025年,45~59岁人口占比将达到26%[①],与2018年相比上升2个百分点,如表3-4所示。

表3-4 2010~2018年北京部分年龄段人口占比变化　　　　单位:%

年份	20~24岁	35~39岁	45~49岁	50~54岁
2010	13.43	8.78	8.30	6.86
2011	12.44	8.28	8.72	6.66
2012	12.29	8.05	8.38	6.50
2013	11.95	7.80	7.36	6.51
2014	10.40	7.82	7.94	7.51
2015	9.57	8.16	7.86	7.80
2016	8.82	8.65	8.10	8.18
2017	7.58	9.40	8.45	8.27
2018	6.56	9.79	8.50	8.39

资料来源:《北京统计年鉴》(2019)。

三是劳动力资源缺口将达180万~280万人。常住外来人口是北京劳动力重要来源。2018年,15~59岁常住外来人口占到全市15~59岁人口总量的46.5%,占到全市常住外来人口总数的93.5%。按照近三年常住人口各年龄段变化情况预测,到2025年,劳动力资源将达到1400万~1500万人,占比在66%~70%,其中,50岁以上人口占比将达到25%。根据第三次和第四次经济普查数据计算,北京要在"十四五"期间实现同样的经济增速,则需要从业人员约1500万,其中,第二产业、第三产业从业人员数分别为1270万、190万(具体

---

① 根据现有人口年龄结构推算。

测算见附件）。根据 2018 年北京第二产业、第三产业实际从业人员占 15～59 岁人口比重 87.1% 计算，需劳动力资源量约 1680 万人。综合测算，缺口预计在 180 万～280 万人。

三、人口素质上，新增留京大学毕业生 78 万人，效能提升进入"窗口期"

一是五年新增留京大学毕业生 78 万人。根据 2007 年以来北京高校本专科、研究生招生数和 2010 年以来毕业生数量预测，"十四五"期间，北京将累计有大学毕业生（包括研究生）约 130 万人，按照 60% 留京率计算，共有 78 万人留京，其中，研究生、本专科学生比约为 4∶6。

二是劳动生产率提升迎来"窗口期"。2019 年，北京人均 GDP 为 16.4 万元（约合 2.4 万美元），相当于美国 1990 年时的水平。1990～1995 年，美国服务业增加值占比超过 50%，劳动生产率增长中综合技能提高贡献率达到 30%。到 1995 年后，全要素生产率增长和资本深化的贡献率明显上升，劳动技能提高的贡献率降到 10%，此时综合劳动生产率进入快速发展期①。可见，劳动生产率快速提升的初期，综合技能提升是重要的推动力。"十四五"时期是北京推进产业转型升级、促进高质量发展的攻坚期，传统服务业和现代服务业都将进入技能化发展快车道，产业发展将从注重规模和体系完整性向注重质量和基础能力转变。稳就业和保发展的双重压力下，倒逼人口综合技能水平提升。从当前来看，北京劳动生产率发展空间依然巨大。2018 年北京第三产业劳动生产率仅相当于 2013 年美国的 31.6%。

四、人口布局上，呈现"郊区多中心化、外围多点化、区域集中化"

一是市域人口呈现中心降、近郊增、重点地区集中的趋势。随着城六区非首都功能疏解政策的进一步实施，通州、大兴、怀柔、昌平将成为北京市域疏解人口的主要承接地。并且，随着北京城市副中心、新机场临空经济区等重点区域的建设以及南城发展战略的逐步落实，城市东部、南部地区发展潜力凸显，人口布局也将呈现向东、向南倾斜的趋势。从具体分布来看，受城市建设规模限制，有产业发展潜力的城市副中心、新机场临空经济区、"三城一区"周边将成为人口的重点集聚区，使得北京人口布局呈现出"中心城降、近郊增、远郊稳，重点地

---

① 边卫红，陆晓明. 美国劳动生产率的演进［J］. 全球瞭望，2015（23）：68－69.

区集中"的圈层分布态势。

二是周边中小城市将是北京部分从业人员聚集地。按照城市发展规律，北京疏解的城市功能和发展所需的劳动力要有一定容纳空间，合理半径在30～50千米。据此推测，北京周边以三河、大厂、香河、廊坊、固安等为代表的中小城市，将会成为未来承接人口和产业的载体。事实上，有很多在北京就业的人居住在"北三县"。《北京市通州区与河北省三河、大厂、香河三县市协同发展规划》也明确了"一中心、四组团、四片区、多节点"的空间结构。另外，北部以筹办冬奥会为引领发展冰雪产业的张家口市，也会成为北京部分从业人员居住密集区。

三是北方人口向京津区域聚集趋势仍将持续。有关研究表明[1]，"胡焕庸线"两侧人口分布变化正在并将继续深受城市群集聚的影响，东侧重要城市群和核心城市吸附力进一步增强。随着非首都功能的疏解，人口向北京集中的趋势在各种政策的影响下会放缓，但全国人口特别是北方地区人口向京津区域集中的趋势在"十四五"期间不会改变。

五、人口安全上，警惕"规模急降、人才难留、贴边聚集"风险

"十四五"时期，世界处于百年未有之大变局，全国人口增长势能减弱[2]，国内外人才竞争更趋激烈，与此同时，北京具有深度参与国际化、进一步走进世界大舞台的历史责任，需要树立安全理念，防范人口发展风险。

一是在规模上警惕出现总量急速下降的黑天鹅事件。从目前来看，新冠肺炎疫情已经对北京的经济发展产生了不小的影响，2020年第一季度GDP增速为−6.6%，且批发零售、交通运输仓储和邮政业、信息传输软件和技术服务业从业人员数量均为负增长。疫情防控的常态化和国外疫情形势严峻、世界经济不确定性因素增多等相互叠加，将会给北京服务型经济发展带来巨大打击，进而产生大量企业破产并引发规模性、大面积失业，估算将可能使北京从业人员下降100万人，常住人口规模降至2050万人，不仅无法提供充足的劳动力来支撑经济的可持续发展，在人口老龄化加重的情况下还会增加社会公共服务压力。

二是在结构上警惕留京人才的持续下降。北京人才生态建设不足，城市人才

---

① 尹德挺，袁尚. 新中国70年来人口分布变迁前言——基于"胡焕庸线"的空间定量分析［J］. 中国人口科学，2019（5）：15−28＋126.

② 资料来源：《国家人口发展规划（2016—2030年）》。

竞争力排名持续下降，由此导致国际人才数量较少、优质大学毕业生留京率下降，致使人才规模和质量难以满足城市产业优化升级需要。

三是在布局上警惕周边中小城镇围墙式发展。前一时期，燕郊、大厂地区的大范围、高密度住宅区形成了围堵北京的态势。如果人口持续聚集，在人口布局上就要防范北京市界的大规模贴边聚集，给交通、社会稳定、城市形象带来影响。

此外，还要防范超老龄社会成为北京发展的灰犀牛事件。输入性劳动力减少和人口出生率、死亡率"双低"，加速北京老龄化进程，加重养老负担以及医疗负担、冲击劳动力市场和妨碍经济发展，不能大而化之应对。

第四节　北京"十四五"时期人口发展的思路与建议

一、总体思路

从"十四五"时期北京人口发展趋势来看，总体规模是基础、结构调整是保障、质量提升是关键、均衡发展是方向。综合全球人口继续增长和城市化加快、中国人口低速增长和向大城市集中趋势明显、重点城市人才竞争加码、京津冀协同发展深度推进等因素，结合北京人口发展中可能出现的风险点，本书提出了"十四五"时期北京"稳总量、优结构、提质量、促均衡"人口发展思路。

——稳总量。北京人口发展既要防止触碰 2300 万人的总量红线，也要防止人口急速下降影响经济的可持续发展，要结合北京财政水平和功能定位，努力扭转人口下降趋势，使得"十四五"时期北京常住人口总量保持在 2170 万~2200 万人。

——优结构。多措并举优化人口年龄结构、行业分布结构，以高于常住人口出生率（2018 年 8.24‰）的速度扩大劳动力资源规模，提高综合劳动生产率，使其与北京的功能定位、产业发展相适应。

——提质量。围绕优质人才留京、国际化人才引进等增加人才总量，同时注重存量人才的培育、使用，通过机制体制改革和创新，推动人力资本和人才效能提升。

——促均衡。通过人口政策促进人口在空间上均衡布局。通过产业政策和社会保障政策改革创新，推动人口数量与质量的均衡匹配。通过提升劳动参与率、实施人口评估政策，推动人口与经济社会发展的均衡。

二、对策建议

从侧重人的消费属性出发，推进人口精准调控，稳定人口总量；从侧重人的生产属性出发，破解少子老龄难题，优化人口结构；从侧重人的创造属性出发，加快产业升级带动，提高人口质量；从侧重人的自然属性出发，转变区域人口格局，促进均衡分布，实现人口与经济社会的协调发展。

一是改变"留住'高层次'，减少'低层次'的"思路，树立合理的人口金字塔结构理念。高级人才需要巨大的基础人才和服务人口做支撑。一般来说，一个高端人才可以带动3个中等就业岗位，但要匹配5个以上的服务人口。

二是推动"疏解整治促提升"专项行动向纵深和精确倾斜。对现有的重点难点问题进行系统梳理，建立央、地协调机制，分步骤、分层次、分区域，推进治理更新。

三是做好人口发展空间的综合调控。在扎实做好农村集体建设用地入市改革试点的同时，继续推进建设用地面积的减量发展，尤其是对城市副中心、新机场等重点地区，要加强土地利用审核和建筑规模控制，严格控制房地产发展，确保人口发展空间的有效控制。强化对全市包括腾退空间在内的多种存量建筑资源的统筹利用，按照生态优先、公共服务优先的原则，从区域层面进行协调配置，避免短视行为造成新的人口聚集，尤其是针对批发市场疏解转型为写字楼，要做好规划，杜绝"越疏解人口越多"问题。

四是加强城六区尤其是核心区的人口管理。建议清理现有"空挂户"和"挂靠户"，在城六区以外区有房产的，要推动其尽早将户口迁出。实施核心区更加严格的投靠人员的落户政策，当被投靠方在其他区有房产，原则上不再同意投靠人员在核心区落户。加大城六区尤其是核心区的空间管控，加快核心区优质教育、医疗资源的向外疏解，降低城六区尤其是核心区公共服务的相对吸引力，从以房控人、以制度疏解人、以服务引导人等角度，多管齐下，推动人口、建筑、商业、旅游"四个密度"的下降。

五是开展人口监测与评估。充分利用大数据，开展人口迁移变化的动态追踪，警惕可能出现的人口风险。针对北京城市发展的重大项目和重大政策带来的人口增量变化和人口布局变化等实施人口评估，如环球影城等重大项目、各区控规等重大政策。

六是健全养老保障和服务体系。深化养老保障制度改革，加快推动城乡居民基本养老保险基金的市级统筹，提高抗风险能力；在京津冀范围内深化医保实时结算范围，并逐渐向全国其他省市推广。引入多元化养老服务的提供主体，发展政府、市场和个人共同参与的多元化养老模式，推动养老产业发展。做好配套医疗、养老照料等服务，通过政府有计划发展、市场自主扩展等方式为老年群体提供快捷、高效服务。逐步树立延迟退休的理念，鼓励企业向活力老年人提供灵活的临时性就业机会。

七是推进生育政策和相关经济社会政策的配套衔接。落实国家生育政策，推动人口与幼托、教育、就业、医疗卫生等相关政策配套衔接。借鉴德国、日本、韩国经验，在带薪产假、生殖健康、婴幼儿保健等方面给予政策性支持，让二孩政策真正落地，使得育龄夫妻不但"想生""能生"而且"敢生"。

八是积极推动产业结构优化调整。推动产业结构在服务化基础上更加高端化，围绕产业集聚、资源集约和功能集成，保持经济实现更具内生力和高质量的发展，着力提升地均产出率、人均产出率和产业集中率，打造国际一流的高端产业空间载体。以5G等重大先进技术革新的转化与利用为重点，发挥北京智力资源集中优势，在关键领域和关键环节实现突破，促进产学研一体化发展，使新技术快速转化为生产力。

九是出台有针对性的人才留京措施。在保持人口规模持续稳定的情况下，保障人才的引进，推动人才培养体系改革，营造创新创业氛围，推进人口向更高质量发展。强化对存量人才的政策性保障以及对人才留京的政策性鼓励，如发展人才公寓，做好人才的精细化服务。

十是积极发展共享员工模式。致力于激发劳动者潜力，适应新业态的发展变化，探索通过搭建平台、规范管理、机制协调、职业联保等政策措施，推进共享员工模式的常态化发展，提高人口利用效率。

十一是深度推进京津冀协同发展。按照"推—引"思路疏解非首都功能，将区域协调发展政策从地区导向转变为地区导向和流动要素导向相结合，发挥市场机制作用，鼓励周边中小城镇积极利用好北京产业转移机会，增强城市功能，形成京津冀产业互补格局。聚焦基本公共服务均等化、基础设施建设程度比较均衡和人民生活水平大致相当三大基本目标，推动北京近郊区和周边重点中小城镇的发展，在京津冀形成梯度合理的城市群。借鉴东京经验，加速发展与大厂、燕郊等地在京从业的人员集中居住社区"轨道＋住宅"模式，通过在周边建设住宅区解决可支付住宅的数量和供应问题；通过加大与周边中小城市住宅区轨道交通建设的力度，增强轨道交通分担率，提升交通效率。

执笔人：苟怡

第二篇
遵循发展规律，实现重点突破

第四章 遵循首都建设规律，更高水平建设国际一流和谐宜居之都

首都城市特别是大国首都建设的一般规律性较强，北京作为大国首都，"十四五"时期，要深入贯彻习近平总书记视察北京重要讲话精神，以首都发展为统领，开启率先基本实现社会主义现代化的新征程。北京既要遵循首都建设的一般规律，又要遵循中国特色社会主义首都建设的客观要求，结合北京城市战略定位，更好把握首都发展的阶段特征，处理好"都"与"城"的关系，大力加强"四个中心"功能建设，提高"四个服务"水平，坚持城市发展与城市安全并重，更高水平建设国际一流和谐宜居之都。

第一节 首都城市的一般规律

首都，是指一个国家最高政权机关所在地，通常是该国的政治、经济、文化中心，政治功能是首都核心功能。一般而言，首都城市具有以下规律：从历史来看，首都一般位于一国文明中心，并靠近另一个文明，交通比较便利，所在区域有一定地理封闭性，生产资料可以自给自足。从功能来看，政治功能是首都核心功能，围绕政治需求拓展出外交、军事、经济、文化等诸多功能。从现代首都来看，现代首都是资源和要素集聚发展的结果。政治资源诱导和推动资源、经济要素等向首都转移，形成区域经济增长极或增长中心，现代首都具有高度综合性和叠加性。从全球来看，有国际影响力的大国首都在发展到一定规模和程度后，逐步形成以首都为核心的城市群，首都城市群的服务和辐射半径从一国向区域、全

球延伸，产业链也随之不断延长。

一是各国首都城市人口首位度普遍提升。单一制国家首都基本都是人口全国第一，且无论建成区面积还是人口规模均遥遥领先于其他城市，如日本东京、韩国首尔、法国巴黎、英国伦敦。全球4个人口超过1亿的大型联邦制国家中，印度和俄罗斯的首都人口全国第一，美国华盛顿特区、巴西巴西利亚所在都市圈人口已经扩张到所在国第三、第四的规模，澳大利亚首都堪培拉成为该国人口增长最快的城市。①

二是首都互联互通的经济枢纽地位。首都往往是所在国头部企业总部聚集城市，发挥着"经济大脑"的作用，资金流、信息流、物流等经济要素聚集并向国内或国际辐射。从世界500强总部来看，2019年世界500强总部城市数量排名前十位都是首都城市（见表4-1），北京以56家连续第5年位居世界城市第一。主要国家中，500强总部在首都的企业数量占全国比重超过50%的有接近七成（见图4-1）。跨国公司的服务半径覆盖全国乃至全球，主要大国首都通过跨国公司总部资本输出承担了影响世界、服务世界、连通世界的经济中枢功能。

表4-1　2019年首都城市世界500强总部（前10）相关情况

单位：个，百万美元

首都城市	所在国家	总部数量	营业收入	利润
北京	中国	56	4759396.4（第1位）	243607（第1位）
东京	日本	38	2432037.0	140421.0
巴黎	法国	18	940011.0	47846.7
首尔	韩国	15	872654.2	56077.0
伦敦	英国	11	726425.1	75158.4
马德里	西班牙	6	300983.5	14284.6
莫斯科	俄罗斯	4	385400.0	55077.1
都柏林	爱尔兰	3	102571.0	10134.4
阿姆斯特丹	荷兰	3	241215.8	8342.6
新加坡	新加坡	3	251452.3	2070.6

---

① 美国首都所在的华盛顿都市圈已是人口仅次于纽约与芝加哥的大型都会区，人均收入水平全美最高；澳大利亚堪培拉成为全澳人口增长最快的地区，且人口结构比其他城市更加年轻、人均收入更高；巴西利亚已发展成全国第四大城市，十年内有望成为仅次于里约和圣保罗的全国第三大都市。

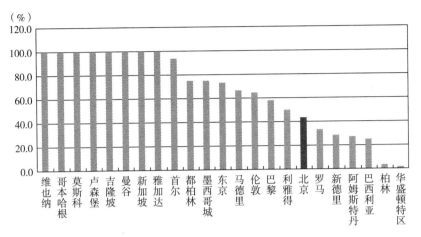

图 4-1 2019 年主要国家首都世界 500 强总部数量占全国比重

资料来源：笔者根据财富中文网 2019 年财富世界 500 强排行榜整理。

三是特色鲜明的首都文化名片形成传播"放大镜"作用。各国首都大多是本国文化聚集地，拥有特色鲜明的代表所在国形象的首都文化名片，如"时装之都"巴黎、"建筑艺术之都"罗马、"音乐之都"维也纳、"钟表之都"伯尔尼等。这些首都城市在长期发展过程中，逐渐形成了主导地位突出、辐射世界的代表国家的首都文化名片，从而推动了国家实现软实力崛起和文化复兴。"首都文化名片"集中全国乃至世界关注，是开拓全国或全球市场，扩大知名度的首选地，可以促进新科技、新产品、新品牌、新概念、新元素、新文化、新潮流等影响力加速释放。

四是首都功能演化不断清晰。世界各国首都功能进一步清晰。单一制国家首都几乎都是全能型城市，往往是所在国的政治、经济、文化、科技、交通等众多领域的枢纽中心和第一大城市。典型代表如伦敦、东京，既是所在国的政治、经济、文化等中心，也是全球或区域的金融中心，并通过跨国公司资本输出来参与全球产业布局或经济治理。

五是基于产业梯度转移形成首都为核心的城市群发展趋势。各国首都普遍先于全国形成"三、二、一"产业结构，科技服务、金融服务、文化服务、商贸服务等成为现代首都的主导产业，然后出现一般性制造业、加工业分散和向外梯度转移的趋势，首都城市制造业整体上向着"高精尖"方向发展和转型，形成以首都为核心的首都圈产业协同。如北美五大湖城市群、日本太平洋沿岸城市群，首都功能和产业辐射作用沿城市群扩散，影响范围和作用持续扩大。

第二节　强化"四个中心"功能建设

　　"四个中心"是党中央赋予北京的城市战略定位，北京必须坚持首都四个中心战略定位，政治中心、国际交往中心的主导权在中央，北京要坚决服务好党中央、服务好国家工作大局，高水平推动全国政治中心和国际交往中心建设。文化中心、国际科技创新中心建设方面北京可以主动作为，要统筹利用北京文化资源、科技资源聚集优势，加强文化中心、国际科技创新中心建设，打造具有全球影响力的社会主义先进文化之都和世界科技创新高地，为建设社会主义现代化强国谱写首都篇章。

　　一是牢牢把握服务政治中心这个核心要务。世界各国首都均是中央政府所在地，政治功能是核心功能，服务政治中心建设是首都共通的核心要务。北京要牢固树立"四个意识"，以首善标准不断提升四个服务水平，为中央党政军领导机关提供优质服务。以高度的政治自觉肩负起首都政治担当，全力维护首都政治安全，圆满完成中央交办的重大政治任务，保障国家政务活动安全、高效、有序运行。要持续优化中央政务功能布局，推进国家功能区建设。

　　二是建设社会主义先进文化之都。世界各国首都均承载国家文化底蕴，具有文化输出的功能。法国巴黎是世界文化大都市，通过提升城市魅力、打造"巴黎时装周"等城市文化品牌，传播核心价值理念，普及文化，为增强法国的软实力做出了巨大贡献。北京要主动承担起建设全国文化中心的历史重任，始终把弘扬、传承、彰显我国社会主义核心价值观作为首都文化建设的核心任务。保护好古都传统文化基因，扩大历史文化街区和历史建筑保护范围，推进中轴线申遗保护，延续城市历史风韵，保护城市历史风貌。加强大运河、长城、西山永定河"三条文化带"传承、保护、利用。把握文脉底蕴深厚和文化资源聚集优势，发挥首都凝聚荟萃、辐射带动、创新引领、传播交流和服务保障功能，打造具有世界影响力的知名文化品牌，引领时代潮流。充分挖掘利用首都文化资源和优势，加强文化创作，实施文化产业数字化战略，推进文化金融体系建设，促进科技、金融与文化创意产业的融合发展，培育产业新业态，壮大文化创意产业集群。建成具有全球影响力、代表东方文化的社会主义先进文化之都。

三是服务国际交往中心建设，提升北京国际影响力。世界各国首都作为中央政府所在地，承担服务国家开展国际交往、组织国事活动、参与国际治理的功能。大国首都均拥有众多国际组织，巴黎有包括联合国教科文组织、经济合作与发展组织在内的 200 余家国际组织总部，伦敦有包括国际海事组织、国际合作社联盟、国际妇女同盟等 50 余家国际组织总部，华盛顿汇聚国际货币基金组织、世界银行等国际金融组织总部。北京作为首都，是国家外交和国际交往活动的核心承载地，是向世界展示我国改革开放和现代化建设成就的首要窗口，在服务国家总体外交、塑造和提升国家形象方面发挥着独特作用。北京要立足迈向中华民族伟大复兴的大国首都，适应重大国事活动常态化的需求，着眼于服务国家总体外交，持续提升重大国事活动服务保障能力。以主场外交和重大国事活动为主线，强化平时常态化建设，加强战时调度运行，完善重大国事活动常态化服务保障机制。围绕"一核、两轴、多板块"的空间布局，前瞻性谋划涉外设施和能力建设，显著提高北京重大国事活动承载能力，持续拓展对外开放的广度和深度，积极培育国际合作竞争新优势。进一步优化营商环境，优化国际交往功能空间布局，加强朝阳国际组织集聚区建设，吸引并服务国际组织和机构落户。努力打造国际交往活跃、国际化服务完善、国际影响力凸显的国际交往中心和重大国际活动聚集之都。

四是加强国际科技创新中心建设，支撑国家自主创新战略。世界大部分国家首都高校、科研资源云集，决定国家创新能级的基础研究是首都城市的优势。《2020 全球科技创新中心评估报告》中基础研究单项排名伦敦、巴黎居前两位。北京要服务国家自主创新战略，充分发挥丰富的科研资源优势，实施知识创新中心计划，打造全球原始创新策源地。加强央地协同，全面对接国家科技重大专项，统筹布局"从 0 到 1"基础研究和关键核心技术攻关，争取尽快突破一批"卡脖子"的关键核心技术；加大科学基础设施建设，超前部署应用基础及国际前沿技术研究，重点推进"中关村科学城、怀柔科学城和未来科技城"三大科学城建设；强化企业创新主体地位，积极培育硬科技领域独角兽企业；集中力量实施脑科学研究、量子通信研究、纳米科学研究、人工智能研究等大科学计划，重点布局一批关键共性、前瞻引领、颠覆性技术项目和平台，加快形成一批具有全球影响力的原创成果、颠覆性技术、硬科技以及相关国际标准。代表中国占据全球基础研究和战略高技术领域制高点，建成和硅谷比肩的有全球影响力的科技创新中心。

第三节 提升"四个服务"水平

正确把握新时代北京"都与城"的关系，是推动首都全面发展的核心问题。要以首都发展为统领，紧紧围绕实现"都"的功能来谋划"城"的发展，努力以"城"的更高水平发展服务保障"都"的功能。为更好地推进"都与城"双向联动、协同发展，新时期北京要加快制定实施《首都法》，主动承担更多服务国家经济发展、服务国际交往的重大任务和历史使命，更好提升"四个服务"水平。

一是建议加快推动《首都法》制定实施。从国际上看，首都法治建设域外经验较为丰富，如日本早在 1950 年就出台了《首都建设法》，1956 年又制定了《首都圈整备法》与《首都圈市街地开发区域整备法》；韩国也通过制定《首都圈整备规划法》和《首都圈整备规划》促进了首尔都市圈的发展。从北京来看，尽管我国《宪法》第一百三十四条规定：中华人民共和国首都是北京，宪法赋予了北京作为国家首都所承担的保障中央国家机关开展政务工作和国际交往事务等首都功能。但是，我国尚且缺少一部针对首都这一具有特殊地位、特殊功能、特殊性质的行政区的法律，缺少一部支撑"建设一个什么样的首都，怎样建设首都"的纲领性、基本性法律。建议加快制定实施《首都法》，一要紧扣中华民族伟大复兴的历史使命，围绕"建设一个什么样的首都，怎样建设首都"这一重大问题，着眼于2035 年和 2050 年明确刚性约束和弹性调节的内容；二要围绕落实"四个中心"战略定位，通过立法强化中央政务服务保障功能，在法律层面明确界定首都的基本职能。解决好如何协调部委、部队、央企和地方政府的关系问题，确立与首都战略定位相适应的首都管理体制、财政体制和服务保障体制，进一步提升首都服务保障水平；三要坚持以人民为中心的立法原则，最大限度地在公民权利、老城保护、社会治理、秩序构建、公平公正、价值引领等方面提供保障，充分保障人民在经济、文化、社会等方面的全面发展，充分保障人民对美好生活的向往和追求。

二是充分发挥首都经济"桥头堡"特征，以服务央企总部为重点扩大首都经济的影响力和辐射力。首都往往是所在国头部企业总部聚集城市，发挥着"经济大脑"的作用。主要大国首都承担了影响世界、服务世界、连通世界、资本向全球输出的经济中枢功能。北京以央企总部和金融总部为代表的总部经济贡献突出。北京拥有68家央企总部，占全国的70.8%。央企是国家经济的重要支柱，发挥着参与全球经济资源配置、服务全国乃至全球的重要作用，其创造的经济增加值和对全市的经济贡献都占据了半壁江山，是首都经济的重要支柱，对推动首都发展发挥了不可替代的重要作用。"国家经济稳则首都经济稳"，北京要充分把握首都总部经济特征，发挥总部经济优势，按照"四个服务"的要求，做好中央在京企业的对接和服务工作，实现中央在京企业与北京发展的有机融合。把握首都作为全国经济"桥头堡"特征，为央企、市属国企及民营企业对外并购、资源开发、基础设施建设、产能合作等提供金融、法律、咨询等服务，扩大首都经济的影响力和辐射力，推动国家软实力崛起。

三是围绕提升"四个服务"能力，构建保障有力的首都财政制度。首都财政具有中央和地方双重事权，既要为北京市各项事业的发展提供财力保证，同时也要为中央、为国际交往和重大国事活动提供服务保障。当前首都地方财政收入增速放缓，财政有限收入和无限支出矛盾凸显，构建保障有力的首都财政一要强化开源节流，加强税源建设，加强税收征管。二要适度压缩"三公"经费支出，加强结余资金管理，提高财政资金使用效率。三要通过多元化融资渠道，充分利用社会资本，弥补和调整财政资金缺口。四要对服务中央的重大事项支出需要建立特别预算制度。

执笔人：王铁铮 于国庆 李星坛

参考文献

［1］游宁龙，沈振江，马妍，邹晖．日本首都圈整备开发和规划制度的变迁及其影响——以广域规划为例［J］．城乡规划，2017（2）：15－24＋59．

［2］熊九玲．国际交往中心功能建设战略方向［N］．北京日报，2021－01－04（011）．

［3］韩冰．世界五百强中企数量跃升的喜与思［N］．中国国门时报，2019－07－29（002）．

［4］杨松．正确认识和把握首都城市发展的特点和规律［J］．城市管理与科技，2016，18（2）：21－23．

［5］廖妩晨．首都规划制度建设与首都立法初探［D］．北京：中国社会科学院，2020．

［6］推进科技自立自强 打造首都发展新引擎 社会各界建言"十四五"北京国际科技创新中心建设［N］．北京日报，2020－12－11（005）．

第五章　遵循科技创新规律，
建设国际科技创新中心

创新是一个民族进步的灵魂，是一个国家兴旺发达的不竭动力。自16世纪以来，人类社会进入前所未有的创新活跃期，回顾近代以来世界发展历程，可以清楚看到，一个国家和民族的创新能力，从根本上影响甚至决定国家和民族前途命运。创新是多方面的，包括理论创新、体制创新、制度创新、人才创新等，但科技创新地位和作用十分显要①。

第一节　现代科技创新规律与特征

一、创新要素和创新链条

创新要素是开展技术创新活动必不可少的因素，包括人、财、物以及将人、财、物有机契合的机制，具体而言主要包括创新人才、创新基础设施、创新资金和创新制度。其中，创新人才是创新活动的核心要素，资金投入和创新基础设施是创新活动的物质条件，而良好的制度是激发创新活力的有力保障。

从创新活动的完整链条来看，主要包括以下五个环节（见图5-1）：一是基础研究，主要探索自然规律和科学方法；二是应用研究，以实现特定用途为目

---

① 详见习近平《在省部级主要领导干部学习贯彻党的十八届五中全会精神专题研讨班上的讲话》和《在中央财经领导小组第七次会议上的讲话》。

标，利用已有知识，提出解决问题的整体思路和方案。基础研究和应用研究统称为科学研究；三是应用开发，为满足特定市场需求，以盈利为目的，在实验室制作样品或样机；四是中间试验（以下简称中试），验证和改进实验室技术，按照规模生产要求解决工装、工艺、原料和标准等问题；五是产业化，企业开展大规模生产，进行市场应用和推广，获取创新活动的回报。创新链条从基础研究到产业化的各个环节相互交织、环环相扣。没有基础研究，难以站到科技前沿；没有科技成果转化，就难以驱动经济发展。

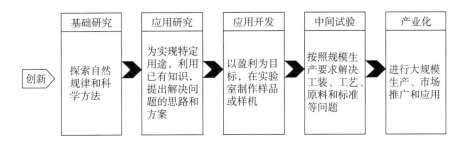

图 5-1 科技创新链条

二、创新规律和特征

当今时代，新一轮科技革命蓄势待发，准确研判创新规律和分布特点，对于本市科学配置创新资源，建设国际创新中心，抢占未来经济科技制高点，在新一轮国际经济再平衡中赢得先发优势至关重要。综合来看，科技创新发展呈现以下规律性特征：

从创新格局看，全球科技创新中心经历了五次大转移，由欧美向亚太、由大西洋向太平洋扩散的总体趋势持续发展，呈现北美、东亚、欧盟三个世界科技中心鼎足而立的态势。

从创新链条看，科学革命是技术革命和产业革命的先导和源泉，基础研究领先的国家通常能够占据全球科技制高点，其催生出重大科学发现和重大技术创新，提供新知识、新原理、新方法，能以不可预知的方式催生新产业新业态。从基础研究、应用研究到产业化应用的创新链条快速缩短，科技与产业发展融合互动的趋势日益显现。

从创新要素看，人才、资本、技术、信息等要素在全球加速流动，对科技顶尖人才的争夺日益激烈，资本尤其是风险投资成为支撑科技创新活动不可或缺的要素。全球著名的创新高地，都集聚了一大批具有国际视野的战略科技人才、科技领军人才、企业家和技能人才，有着异常活跃的风险投资，促进科技成果从科学研究、实验开发、推广应用的"三级跳"。

从创新的本质看，现代创新理论认为，创新就是实现生产要素的新组合，创新的最终目标是实现更大的价值，从而促进经济的增长。从科学—技术—产品—商品，最终进入市场实现经济价值，才是实现了创新。

从创新内容看，学科之间、科学和技术之间、技术之间、自然科学和社会科学之间日益呈现交叉融合趋势，新的重大科学思想和科学理论往往产生于不同领域的交叉融合发展，科技创新进入分工协作、整体推进的"大科学"时代。

从创新模式看，传统的欧洲式"自由探索"模式已经发展到以国家为主体的"大科学工程"模式与以市场为主体的"需求牵引"模式相结合的发展阶段。创新活动向集成化、网络化、开放化方向发展，催生越来越多的新型科研机构和组织，对科研组织效率提出了更高要求，亟须建立"大平台＋大任务＋市场要素"的新型科研组织模式。

第二节　北京的创新优势

作为全国科技创新中心，北京聚集了众多优秀的科技人才和科研机构，无论是科技投入还是创新产出都极具优势。北京也是全球创新创业最活跃的城市之一，每天新产生约 200 家创新型企业，独角兽企业数量（93 家）全球最多。

一、科技创新人才丰富

科技人才数量多。在北京的从业人员中，本科及以上学历占将近四成，从事科技活动人员数量超过 80 万人。2019 年，北京市研究与试验发展（R&D）人员 46.4 万人，R&D 人员折合全时当量 31.3 万人年，其中，基础研究和应用研究 R&D 人员折合全时当量分别为 63478 人年、92521 人年，分别占全国的 16.7% 和 15.1%。

高层次人才集聚。北京市拥有"两院"院士 767 名，占全国近一半；入选国家"千人计划"的专家有 2086 名，占全国 1/4；入选国家"万人计划"的专家有 1400 名，占全国 1/3；从市级人才工程看，1060 名专家入选"海聚工程"，首批"高校卓越青年科学家"项目资助了 39 名青年科学家，首批"北京市杰出青年科学基金"项目资助了 30 名杰出青年人才，首批"青年北京学者计划"资助了 17 名高端人才。

二、重大科技创新基础设施和创新平台集聚

国家重大科技基础设施集聚。"十二五"和"十三五"期间，26 项国家重大科技基础设施建设共有 7 个落地北京。目前，北京在用、在建、拟建的大科学装置已达 19 个，已有正负电子对撞机、5 兆瓦核核供热试验堆、遥感飞机、遥感卫星地面站等众多大科学装置。怀柔综合性国家科学中心在建重大科技项目共 26 个，包括综合极端条件实验装置、地球系统数值模拟装置、高能同步辐射光源等 5 个重大科技基础设施；大科学装置用高功率高可靠速调管研制平台、物质转化过程虚拟研究开发平台等 11 个科教基础设施；材料基因组、激光加速创新中心等 10 个交叉研究平台。通过布局一批重大科技基础设施和前沿科学研究平台建设，北京已初步形成交叉融合、协同联动的创新基础设施体系。

科技创新平台数量全国领先。全国 253 个正在运行的国家重点实验室中，有 79 个位于北京；北京分子科学国家研究中心等三家机构入选科技部的国家研究中心（全国共 6 家）；拥有国家工程研究中心 12 家，国地联合工程研究中心 30 家；拥有国家新能源汽车技术创新中心，分子科学、凝聚态物理和信息科学与技术 3 个国家研究中心，动力电池、轻量化材料成形技术及装备、智能网联汽车 3 个国家制造业创新中心；量子信息、纳光电子 2 个前沿科学中心和国家先进计算产业创新中心获批建设。此外，积极布局市级创新平台，成立了北京量子信息科学研究院和北京脑科学与类脑研究中心，拥有市级工程研究中心 40 余家，市级工程技术研究中心 300 余家。

三、科技创新投入强度全国第一

研发投入强度高，基础研究投入全国领先。2019 年，北京共投入 R&D 经费 2233.6 亿元，位列全国第三（前两名分别为广东和江苏），投入强度为 6.31%，居全国最高水平，也高于发达国家平均水平。基础研究经费在全国占比超过 1/4，在全市 R&D 经费支出中的占比提升至 15% 左右（见图 5 - 2）。

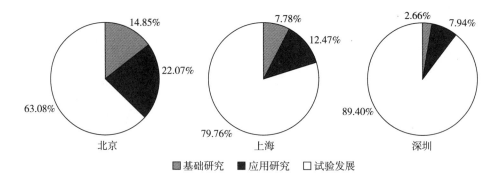

图 5 - 2　2018 年京沪深科研投入分布对比

形成以政府投入为主体的多元化资金供给体系。北京的 R&D 经费接近一半来自政府性资金，并且以中央财政为主（占政府资金比重超过 90%）。2018 年市政府设立了北京市科技创新基金以更好发挥政府资金引导作用。北京 VC/PE 投资规模常年稳居全国首位，持续高于沪深两地投资总量。中关村有 1800 多家风投机构，2019 年发生投资额 1185 亿元，在全球仅次于硅谷。截至 2020 年 8 月，北京新三板上市企业共 1767 家，占全国新三板上市企业总数的 1/5。2020 年 7 月，北京有 6 家企业作为第一批精选层企业集体挂牌（全国共有 32 家）。银行机构在中关村共设立科技金融专营组织机构 68 家，北京中关村银行是全国首家定位服务科技创新的民营银行。

科研机构、高等院校是北京 R&D 经费的主要使用者。北京拥有科研院所 1000 多家，高校 93 所，数量居全国首位。科研机构和高等学校多年来保持北京 R&D 经费支出的主要执行主体地位（见图 5 - 3）。

四、科技创新成果产出丰硕

创新成果在全国乃至全球处于领先地位。从"十二五"到"十三五"，北京发明专利累计申请量领跑全国，高于上海和深圳。2019 年，北京市每万人发明专利拥有量达 132 件，是全国平均水平的近 10 倍。全国领跑世界的技术成果中，北京占比超过一半。自 2012 年以来，在京单位主持完成的国家科学技术奖累计达 500 余项，约占全国 1/3。英国《自然》杂志发布全球 500 个城市科研产出排名结果显示，北京连续两年位居全球第一。

科技成果转化服务能力持续增强。北京聚集了众创空间、孵化器等各类双创

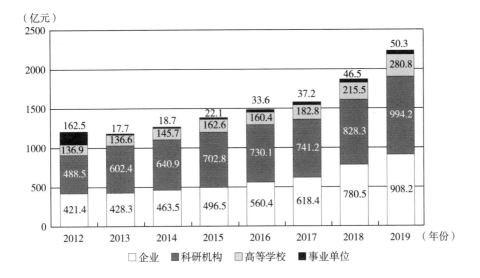

图5-3　2012～2019年北京科研经费支出情况

服务机构近400家，服务效率不断提高。拥有中国科学院国家技术转移中心等58家科技部认定的国家技术转移示范机构，数量居全国首位，全市共有12所在京高校成立技术转移办公室并获授牌。2019年中关村技术经理人协会正式成立，市人力社保局正式增设技术经纪专业职称。

科技成果对经济发展的支撑作用显著。2019年，北京技术合同成交额近5700亿元，占全国成交额的1/4，实现技术交易增加值突破3000亿元，占当年地区生产总值的比重超过9%（见图5-4）。流向本市的技术合同主要集中在电子信息技术领域，占比达四成以上。

五、创新制度环境不断优化

据不完全统计，国家和本市（包括中关村）发布的创新政策近300个，涉及基础研究、技术开发、技术转移、产业化等各个创新环节，实现了从"小科技"向"大创新"的扩展，初步形成以法律为保障，以综合政策为引导，专项政策为支撑，包括财税、金融、知识产权等多样化政策工具在内的创新支持政策体系。例如出台的《北京加强全国科技创新中心建设总体方案》，对北京科技创新中心建设进行顶层设计和制度安排。出台的《北京市促进科技成果转化条例》，从法律层面对成果转化予以规范和保障。出台的《北京市进一步完善财政科研项目和经费管理的若干政策措施》，不断深化科研项目和经费管理改革。

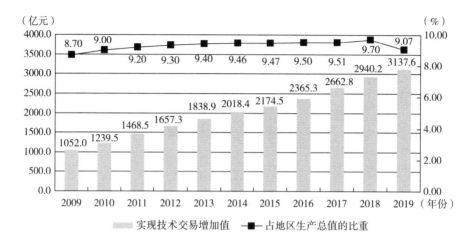

图 5 - 4　2009 ~ 2019 年北京技术交易增加值及占 GDP 比重

第三节　存在的主要问题

由于受到一些不符合创新规律的体制机制的束缚，阻碍了北京的科技实力充分转变为现实生产力。从创新要素看，人才配置和资金投入的行政化色彩较为浓厚，抑制了创新主体的活力；从创新链条看，基础研究需要加强，产业链和创新链融合不够，科技与经济仍存在脱节现象。

一、创新人才结构性失衡

战略科学家和产业顶尖人才缺乏。诺贝尔科学奖、图灵奖、菲尔兹奖得主数量较少。如美国获得诺贝尔奖人数占世界 1/3，我国自然科学领域获诺贝尔奖者仅 1 人，图灵奖 1 人，还没有人获得被称为数学界的"诺贝尔奖"的菲尔兹奖。2018 年，北京入选全球高被引科学家人数有 142 人，不及波士顿的一半（见图 5 - 5）。在新一代信息技术、医药健康、智能制造、新材料等领域，世界级顶尖人才缺口依然很大。比如北京人工智能领域人才有近 4 万人，但是顶尖的人才数量和质量都不及纽约等城市。清华大学 AMiner 系统研究显示，北京在全球 AI 高影响力学者城市排第五位①，而且主要是分布在应用研究领域。

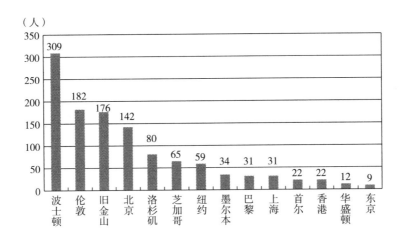

图 5-5 2018 年 15 个城市全球高被引科学家数量对比

技术经理人等专业技术转移人才缺乏。虽然北京规模以上技术转移机构从业人员有 1 万余人，但是自 2014 年以来，通过北京技术市场协会牵头组织的技术经纪人培训考试的技术经纪人只有约 1000 人，获得国际注册技术转移经理人（RTTP）只有近百人。列入国家技术转移示范机构的 58 家机构中取得技术经纪人资格的从业人员数量不足 6%。

市场导向的创新人才配置机制尚未建立。户口仍然是人才引进的制约因素，当前北京户口审批涉及中央、地方、军队等多部门审批，而且落户办理程序烦琐、提交材料繁多。相当数量的创新人才分布在各级各类体制内科研单位中，体制内外编制、工资、子女上学、住房等待遇不同，使得人才在机关、事业、企业之间的自由流动受限。

二、市场在创新资金投入中发挥作用不足

财政资金对社会资本的引导作用不足。财政资金没有实现从"拨款"思维向"投资"思维的转变，行政性手段多，转化为股权投资、融资担保、各类风

---

① 排名依次为纽约 86 位、匹兹堡 84 位、西雅图 77 位、旧金山 71 位、北京 65 位。

险补偿基金、绩效评估"后补助"专项资金等较少，政府资金在引导天使投资等风险资本进入创新领域方面仍未完全发挥出应有的作用。

企业没有成为研发投入的主体。北京的研发活动具有"政府强、企业弱"的特点。不管是 R&D 的人才、项目还是经费的投入和使用等，体制内的科研机构、高等学校、事业单位基本都占据大头。相比之下，上海、深圳等地企业是研发活动的主体，深圳超过 90% 的研发经费来自企业（见图 5-6）。北京规模以上工业企业投入强度为 1.23%，明显低于深圳（2.92%）。

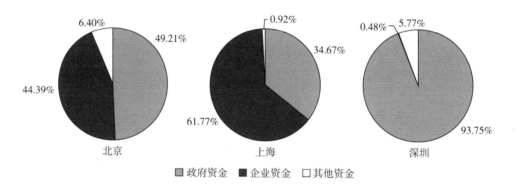

图 5-6　2018 年京沪深科研经费来源结构

科技金融供给不足。小微企业、初创企业普遍存在融资难、融资慢、融资贵的问题。2019 年共有 4697 家中关村企业获得银行贷款 1 万亿元，其中，3351 家小微企业获银行贷款仅 1956.7 亿元，同比下降 22.3%。资本市场对于众多中小科技企业来讲门槛过高，新三板市场交投不活跃、成交量小，与企业的直接融资需求还有明显差距。多数风投相对偏好商业模式创新，而对投资周期长、攻关难度大的硬科技创业企业缺乏足够耐心。股权众筹、科技保险等发展滞后，新型科技金融模式尚不完善。知识产权质押融资评估难、风险大并且流程复杂。

三、行政化的科研项目管理抑制了创新活力

立项和组织运行行政化。长期以来，科技项目和经费的管理基本是由政府部门和其下属的事业单位负责。项目立项未充分与市场需求对接，组织运行基本采取行政化方式，企业、第三方机构、社会公众等多主体参与不充分。尽管已经提出项目经费包干制试点，但是大部分的项目经费管理基本还是"一刀切"的方

式，对项目绩效评估"重前轻后"，只要流程正规、手续齐全、完成考核规定的基本指标即可。

缺乏有效的创新激励。职务科技成果的产权激励机制还不到位，极大抑制了科研人员的创新积极性，相关负责人宁可不转化科技成果也不愿意承担潜在的责任风险。科研费与劳务费本应是科研经费中的"大头"，但是按照现有规定科研人员"绩效支出"只能从项目的间接费用中支取，除去设备使用费、管理费等必须支出项后剩下用于绩效支出的比例非常少。

四、基础研究能力亟待加强

重大科学发现和引领性原创成果较少，关键核心技术突破不够，其根源在于基础研究存在"短板"。除了前文提到的缺乏顶尖科学家和领军人才等人才因素，还存在以下不足：

基础研究投入不够。尽管北京基础研究经费占比将近15%，全国领先，但是与美国、英国、法国等国相比还有提高空间（基本在15%～25%）。从美国等主要创新型国家的发展经验看，基础研究、应用研究以及试验发展三者在研发总投入大致比例为20∶20∶60。2019年北京这一比例为16∶25∶59，基础研究占比偏小。基础研究投入总体不足的同时，投入结构也不合理，主要靠政府而且主要是中央财政支持，市财政和企业对基础研究的投入明显不足。2019年北京市企业执行的基础研究经费占总基础研究经费的比重仅为1.8%，远低于发达国家水平（如日本49.34%、美国27.15%）。主要原因是基础研究难以在短期内见效，而目前对企业和社会资本投入基础研究还缺乏有效的引导政策，比如公益捐赠领域只有用于慈善才能免税，用于科研不能免税，因此，企业投入的研发资金主要用于试验开发环节。

重大科技基础设施和创新平台支撑能力还需要加强。和发达国家相比，北京战略性科技基础设施和平台的数量和质量还需要加强，如基础材料领域全球顶尖实验室前三名均在美国。从运行经费看，当前重大科技基础设施前期建设主要以政府资金投入为主，但是后期运行经费还需要开拓多元化的资金渠道来源。如怀柔大科学装置仅靠财政资金支持很难维持后期运转。此外，重大科技基础设施开放共享协同还需要进一步完善。

五、创新链与产业链融合不够

科技成果供给与市场需求存在偏差。中央在京高校和科研机构是北京科技成果的主要供给方，这些高校院所的科研考核评价主要以科研立项级别、经费金额、论文数、获奖成果数等为主，科研人员为了取得职称评定和考核任务把主要精力放在争取各级政府项目的申报、发论文、申请专利、鉴定报奖等，基本不考虑是否具有市场需求。比如，2018 年北京地区高等学校累计有效发明专利数为 5.3 万件，而专利所有权转让及许可数只有 514 件；北京技术市场上技术卖家共有 5813 家，高等学校卖方仅 39 家，成交额不足 30 亿元。

科技成果转化中间环节缺环。高校院所的科技成果多为实验室阶段成果，技术成熟性较差，还需要二次开发投入，但是与科技成果中试、熟化相关的平台、技术、人才和资金投入不足，成果转化关键环节相关保障缺乏，导致很多科技成果无法有效转化。

制造业占比偏低，技术创新所需要的产业发展基础比较缺乏。制造业是将技术进步应用于生产的直接的、主要的载体。北京工业比重体量偏小，2019 年北京工业比重为 12%，同期上海、深圳为 25.3%、35.6%，尤其是近几年北京制造业占 GDP 比重逐年下降，已不到 12%。由于缺乏转化条件和产业应用场景，造成北京大量的创新成果只能流向产业链更为完善的珠三角、长三角等区域落地转化。

第四节　遵循创新规律，加快北京国际科技创新中心建设

党的十九届五中全会进一步提升了科技创新的战略高度，强调把科技自立自强作为国家发展的战略支撑。北京集中了全国最优质的创新资源，创建国际科技创新中心是北京在新时代面临的一项伟大使命。"十四五"时期，北京应抓住新一轮科技革命机遇，准确把握科技创新规律，科学配置创新资源，强化基础研究，着力推动创新链和产业链双向融合，代表国家在全球科技竞争中抢占先机，将北京科技创新中心建设推向新高度。

一、提升原始创新能力，赢得科技竞争主动权

一是强化基础研究前瞻布局。瞄准世界科技前沿，部署一批学科性的重大项

目的同时，围绕国家发展战略、科技竞争战略重点以及首都经济社会发展需要，超前布局一批未来十年可能产生变革性技术的前瞻性科学研究。加强对信息科学、基础材料、生物医学与人类健康、农业生物遗传、环境系统与控制、能源等领域的超前谋划与支持。立足脑科学、量子计算与量子通信、纳米科学等优势特色领域，遴选若干项目进行重点培育。

二是助力形成国家战略科技力量。重点建设好全球一流的重大科技基础设施集群和国家实验室。以北京怀柔综合性国家科学中心建设为引领，聚焦物质科学、空间科学、大气环境科学、地球科学、信息与智能科学、生命科学等重点科学领域，推动重大科技基础设施集群建设，创新开放共享的运行机制。推进在京国家重点实验室优化调整，以学科国家重点实验室为重点，积极推进学科交叉国家研究中心建设，统筹企业、省部共建、军民共建等国家重点实验室建设发展。

三是构建基础研究多元化投入机制。建立市场经济条件下多元化的资金投入机制，政府持续加强基础研究投入的同时，也要采取政府引导、税收杠杆等方式，完善研发费用加计扣除等政策，激励企业和社会力量加大基础研究投入。建立基础研究的资金池，接受企业、社团及个人的公益事业捐赠，探索建立将企业用于资助基础研究的公益事业捐赠支出视同企业研发投入的新机制。研究探索科学捐赠税收优惠试点，提高科学捐赠额税前扣除比例。探索实施中央和地方共同出资、共同组织国家重大基础研究任务的新机制。

四是构建鼓励科学家原创精神的机制。尊重科学研究的特点和规律，让科学研究回归公益属性，树立正确的政策导向，既要重视成功也要包容探索失败。将自由探索与目标导向相结合，在鼓励开展自由探索的同时，引导科研人员面向经济社会发展中的重大战略需求开展研究。改革约束科学研究活动的立项、经费预算和使用制度，建立符合基础研究规律的科研管理制度。探索对高校、科研院所、顶尖科学家的长期稳定支持机制。比如欧洲研究理事会（ERC）资助的项目周期一般长达 5 年，欧盟未来新兴技术（FET）旗舰计划项目可长达 10 年。日本文部科学省的"世界领先水平研究据点项目（WPI）"，一般给予每个据点 10 年内稳定支持 13 亿日元，有的优秀项目可获得长达 15 年的支持。

五是集中力量构建新型举国体制。面向国家重点需求和产业链安全，聚焦关键核心技术和集成电路、新材料、网络安全、航空发动机等"卡脖子"领域进行攻坚布局。对于具有战略性、全局性的重大科技专项，可采取"赛马制"，充分发挥在京"国家队"的引领作用，探索由国家实验室等战略科技力量牵头，央属科研院所和高校为主体的协同攻关联合体来承担攻关任务。对于产业领域攻关产品和工程项目，建议采取"揭榜挂帅"，支持领军企业牵头的政产学研用金联合体揭榜攻关。

二、激发人才创新活力，夯实创新的根基

一是深化职务科技成果产权制度改革。落实以增加知识价值为导向的收入分配政策，完善职务发明成果收益分配制度，形成知识产权归属和利益分享机制。探索赋予科研人员职务科技成果所有权或长期使用权，促进技术要素参与价值创造与分配。依据《北京市促进科技成果转化条例》，落实科技成果使用权、处置权和收益权改革以及科技成果转化尽职免责制度。试点实施个人将科技成果、知识产权等无形资产入股和转让的支持政策。对符合条件的企事业单位担任领导职务的专业技术人才，探索开展参与技术入股及分红激励试点。

二是发挥市场在人才资源配置中的决定性作用。推动科研院所分类改革，建立分级分类的科研项目和科研人才评价指标和评价方式，建立以科技创新能力、贡献、绩效为导向的分类评价体系。强化目标导向和结果导向，将科技成果转化绩效作为应用研究类科技项目评估的指标体系以及人才评价中。打破人才流动的体制障碍，逐步缩小体制内外社会地位、职级晋升、考核评价等"待遇"差距，鼓励人才在创新链不同环节及不同创新主体之间有序流动。

三是深化高校创新创业教育改革。以支撑创新驱动发展战略、服务经济社会为导向，加快一流大学和一流学科建设，形成一批优势学科集群和高水平科技创新基地。瞄准世界科技前沿和产业变革趋势，优化学科结构，完善高校创新人才培养体系，探索建立跨院系、跨学科、跨专业交叉培养创新型、复合型、应用型人才的新机制，促进人才培养由学科专业单一型向多学科融合型转变。提升教育服务经济社会发展能力，建立学科专业动态调整机制。鼓励个性发展，将创新精神、创业意识和创新创业能力成为评价人才培养质量的重要指标。探索建立校校、校企、校地、校所以及国际合作的协同育人新机制，积极吸引社会资源和国外优质教育资源开展高水平合作办学。

三、加强"三城一区"融合发展，促进创新链与产业链"双向融合"

一是以"三城一区"融合发展推动基础研究、应用研究与产业化对接融通。围绕产业链部署创新链、围绕创新链布局产业链，推动人才、技术和资金等创新

要素在"三城一区"之间更加顺畅流动。发挥中关村科学城的引领作用，带动"三城一区"加快形成以基础研究带动应用技术突破、以技术引领产业发展、以产业推动技术创新的良性循环。中关村科学城聚集全球高端创新要素，形成一批具有世界影响力的原创成果，打造原始创新策源地。依托怀柔科学城重大科技基础设施集群，加快建设全球知名科学中心。发挥未来科学城央企、高校、科研院所汇聚优势，大力推进先进能源、先进制造、医药健康等重点领域应用技术创新，加快建设技术创新高地。重点加强亦庄经济技术开发区和顺义对创新成果的承载能力，建设高精尖产业主阵地，推动在新一代信息技术、新能源智能汽车、生物技术和大健康、机器人和智能制造、航空航天等领域形成具有世界影响力的创新型产业集群。引导"一区"以创新型产业集群反向助推"三城"科技成果产出。

二是推进京津冀区域科技创新与产业发展相融相促。加快建立以产业链为基础的京津冀区域协同创新体制，在新一代信息技术、生物医药、高端装备、新能源、新能源汽车、数字创意等领域优化产业集群区域布局，在京津冀地区探索形成创新链、产业链深度融合的协同联动机制，促进更多的科技成果优先向京津冀区域落地转化。强化制造业对科技创新的支撑作用，以亦庄、顺义等区域为制造业数字化试点示范，以数字技术融合应用推动制造业高端化、智能化发展，使北京乃至京津冀地区成为制造业创新发展的战略高地。

三是培养一批国际一流的技术转移转化机构和一批国际化、专业化的技术经理人。对标国际规范服务标准，鼓励发展提供知识产权、法律咨询、技术评估、中试孵化、技术投融资等服务的各类专业机构，提供全流程服务，提高成果转化率。做大做强中关村科技服务平台，支持概念验证中心、前孵化创新中心、中试基地建设。培养一批国际化、专业化的技术经理人，将技术经理人纳入专业人才培养体系，将高水平的、国际化的技术经理人纳入特殊人才支持计划，推动技术经理人职称评聘和职业化发展，推动北京的职称评定得到在京高校和科研机构的认可。

四、让市场成为引导创新要素流动的关键力量

一是构建以市场为导向、产学研深度融合、大中小企业协同的创新联合体。让企业在技术创新决策、研发投入、组织实施、成果转化评价等各环节发挥主体作用，促进各类要素向企业集聚。重点发展一批具有世界领先水平的创新型领军

企业，引导行业骨干企业牵头组建国家产业创新中心、国家工程研究中心，提高关键核心技术和共性技术开发能力。支持领军企业牵头，通过共同出资、平台共建、技术入股等市场化运作方式来整合产学研创新资源，构建协同创新的利益共同体。发挥大企业"领头羊"作用的同时，积极培育一批竞争力强的"专精特新"的创新型中小企业。推动独角兽企业、领军企业、骨干企业加快与中小企业构建上下游合作网络，推动形成大中小企业创新协同、产能共享、供应链互通产业创新发展共同体。

二是促进技术要素与资本要素融合发展。引导资本向创新领域流动，建立适应创新规律的金融产品和服务，建立从实验研究、中试到生产的全过程科技创新融资体系，促进科技成果资本化、产业化。加大对首次贷、研发贷、成果转化贷、中长期贷等科技信贷产品支持力度，稳步推进"监管沙盒"试点。鼓励商业银行采用预期收益质押等融资方式，为促进技术转移转化提供更多金融产品服务。鼓励保险公司设立科技保险专营机构，加大对科技创新相关险种政策扶持。做强新三板，建设聚焦服务科技型中小微企业、融资交易功能更为完备的新型全国交易场所。推进知识产权证券化。发展知识产权质押融资，加强知识产权评估、登记、托管、流转服务能力建设。

三是吸引全球创新要素汇聚北京。以国家服务业扩大开放综合示范区和中国（北京）自由贸易试验区建设为契机，充分利用两个市场、两种资源，积极参与国际科技合作和创新治理，扩大科技领域对外开放，促进人才、资本等创新要素和交易更加国际化和便利化，引导国际高端创新要素到北京集聚，让北京的科技创新融入全球科技创新大循环。积极发展技术贸易，扩大技术出口。吸引全球知名高校、科研院所和科技服务机构来京设立分支机构，鼓励跨国公司设立研发中心，促进科技类国际非政府组织落地自贸区科技创新片区。加大海外顶尖人才引进力度。

执笔人：赵永珊　唐文豪　刘晨　刘沛罡

第六章　遵循经济发展规律，建设全球数字经济标杆城市

"十四五"时期，北京市经济发展将处于科技革命与产业革命"双加速"、供给结构和需求结构"双升级"、改革和开放新红利"双释放"的关键阶段。要尊重经济发展规律，以数字化转型为牵引，深化服务业与制造业融合发展，开展更高水平区域产业合作，加快构建产业基础高级化、产业链现代化、供应链智能化的现代化产业体系，努力形成创新引领、数据驱动、价值高端、产业链安全自主可控的产业高质量发展格局，提升北京市在国内大循环的节点地位和国内国际双循环的战略枢纽作用。

第一节　深刻理解经济发展规律，推动经济高质量发展

遵循经济规律，深刻理解供需关系，充分发挥市场在资源配置中的作用；把握产业变革方向和全球产业分工演化趋势，充分释放创新驱动力量；让产业链、供应链更多回归本土，在城市群内合理分工布局，推动经济高质量发展。

一、要正确理解供需关系，让市场在资源配置中起决定性作用，推动经济发展质量和效益双提升

供给和需求是决定经济发展内在逻辑关系的两个基本面，为对立统一的辩证关系。没有需求，供给无从实现，新需求也可以催生新供给；没有供给，需求无

法满足，新供给又可以创造新需求。供需两者必须维持相对均衡，哪一端都不能出问题，否则不是发生产能过剩或是失业就是发生经济过热，导致通货膨胀。

从供给侧看，北京市作为全国第一个"减量"发展的城市，人口、土地、环境等硬约束依然突出，资本、技术等面临的挑战压力也将日益凸显，以有限的资源要素支持更优效益、更高品质、更可持续的发展成为必然趋势和内在要求，经济增长将更多依赖技术进步、劳动者素质提升、改革开放等全要素生产率的提升。

从需求侧看，内需一直是北京总需求的主体，占比多年保持在 70% 以上，是经济增长的稳定器和主要驱动力。2018 年内需占全市 GDP 的 98.3%，其中，消费率为 60.5%，投资率为 37.8%。在加快构建"双循环"新发展格局背景下，全市需求结构将进一步呈现内需为主、消费占据更重要位置的消费驱动型特征。在消费方面，伴随消费主体变化和消费品质提高，居民消费需求从"基本物质文化消费需要"向"美好生活消费需要"转变，通过加快供给侧结构性改革、提高商品和服务供给质量，必将为"北京智造""北京服务"创造更大的市场空间。在投资方面，也将由注重规模向更加注重结构优化和质量效益提升转变，新基建、智能制造、社会领域投资力度将持续加大，将在完善产业链、推动结构调整、培育新兴动能、保障民生等领域发挥重要作用。在外需方面，考虑国际环境不确定性增多，将主要依靠省际经济流动带动经济增长。

当前的国际形势，对供给和需求都造成了较大冲击。要在高水平供需平衡的基础上推动高质量发展，必须遵循经济规律，通过推进供给侧结构性改革将首都科技、人才、数据等要素优势转化为发展动能；通过财税、货币信贷等需求侧管理工具来撬动有效需求，使供给侧结构性改革和需求侧管理相辅相成、相得益彰，如图 6-1 所示。

二、要及时把握科技革命和产业变革方向，让创新成为驱动经济发展的决定性力量，打好产业基础高级化和产业链现代化攻坚战，从供给侧推动双循环新发展格局构建

"工业四基"——核心基础零部件（元器件）、关键基础材料、先进基础工艺、产业技术基础自主化程度较低是我国产业基础薄弱的根本制约。提升自主创新能力、实现进口替代是破解这一痼疾的关键，亦是从供给侧推进改革、推动实现双循环的重要路径。当前，全球科技创新活动日益频繁，国家之间的创新竞争

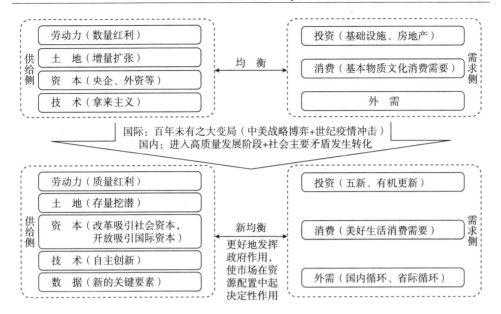

图6-1 "双循环"新发展格局下的供需新均衡

更趋激烈，正在掀起的第四轮科技革命推动人类社会迈向智能时代，以人工智能、大数据、云计算、物联网、区块链等为代表的新一代信息技术是本轮科技革命的核心。同时，科技革命催生产业变革，通过技术创新、管理创新、模式创新等方式促进产业创新，使得产业的增长动力从传统的要素驱动转变为创新驱动、技术驱动、数据驱动。

"十四五"时期，一方面，北京市在科技创新的引领带动下，将涌现出5G、人工智能、集成电路、量子计算、生物医药、新能源等一批高科技产业，产业发展整体向基础高级化、价值链高端化跃进；另一方面，制造业将在新技术的带动下沿着数字化、网络化、智能化的方向转型升级，农业和服务业也将被人工智能、物联网、云计算、虚拟现实等新技术赋能，实现产品质量好、生产效率高、服务模式优、综合体验佳的产业竞争新优势。

三、要正确把握全球产业分工演化规律，让产业链、供应链更多回归本土，在城市群内分工布局，实现经济发展的安全自主可控

从国际经验看，全球城市也通常以中心城区为核心，在1~3小时车程半径内（50~200千米半径）成圈层状分布着70%以上零部件和半成品生产基地，区域内城市通过彼此合作共同构筑区域产业分工合作体系。疫情更是暴露并加剧了全球供应链的内在脆弱性，疫情后各国将显著加强对产业链、供应链的"国家干预"，安全自主可控的重要性提升并在特定领域超越经济利益成为资源配置的首要原则，体现为回归本土、分散化和区域深化特点，产业经济区域小循环正在替代全球大循环。

对于北京市，应对疫情等外部风险冲击需要保有城市安全必需的制造业产能；维护国家产业和技术安全，也需要补齐5G、人工智能、集成电路等战略性产业链的高精尖制造环节。因此，要顺应世界供应链、产业链变化趋势，结合疫情影响，积极应对与西方国家供应链、产业链脱钩挑战，加快实施实体经济的补链、延链、强链工程，通过集群化强化产业链的抗风险能力，同时，带动周边区域、京津冀乃至北方地区共同发展，构建起面向区域、具有全球影响力且安全可控的产业体系。

第二节　夯实产业数字化转型基础，抢占全球数字经济高地

新一轮科技革命和产业变革孕育兴起，带动数字技术强势崛起，成为推动未来经济社会发展变革的重要驱动力量，新技术、新业态、新经济正以更快的速度、更广的范围整合和重构全球价值链，数字经济发展实力已经成为一个国家或城市竞争力的重要体现。中国信息通信研究院数据显示，我国数字经济规模已连续多年位居世界第二，2019年达到5.2万亿美元，但仅相当于美国的39.7%；而且与依靠消费互联网、产业互联网"双腿跑"的美国相比，我国消费互联网一枝独秀的"单脚跳"模式"瓶颈"日益凸显，差距有进一步拉大趋势。根据联合国贸易和发展会议（UNCTAD）数据，在全球70个市值最大的数字平台中，美国以68%的市值占比高居第一，中国仅占22%。即便是在我国作为强项的应用端，美国在一些关键指标上也数倍于我国。夯实产业数字化转型基础，促进产业互联网发展壮大迫在眉睫。据中国信息通信研究院发布的《中国数字经济发展白皮书（2020年）》，2019年北京数字经济增加值超过1万亿元，占GDP比重超过50%，排全国首位（按照国家统计局初步制定的分类标准进行核算，2019年

北京数字经济占 GDP 的比重为 38％），有条件、有机会、也有责任引领全国并抢占全球数字经济发展制高点，建设全球数据枢纽城市。按照《北京市促进数字经济创新发展行动纲要（2020 - 2022 年）》，到 2022 年，将北京打造成为全国数字经济发展的先导区和示范区，全市数字经济发展水平持续提高，数字经济增加值占 GDP 比重进一步提高。

一、加强数字化转型技术创新支撑，推动供应链智能化改造

北京有数字产业化发展优势，有国内领先、完整的 5G、大数据、云计算、人工智能和物联网产业链，在推动数字产业化、夯实数字经济发展技术基础上责无旁贷。

要围绕大数据、人工智能、云计算、数字孪生、5G、物联网和区块链等新一代数字技术，部署技术研究重大项目，提高自主创新、集成创新能力和应用水平，厚植数字化创新优势。加快对供应链的智能化改造，打造可自主优化的闭环人工智能系统，如图 6 - 2 所示，以提高柔性化生产能力，快速高效应对高频大量、碎片化、个性化订单需求，实现智能制造。

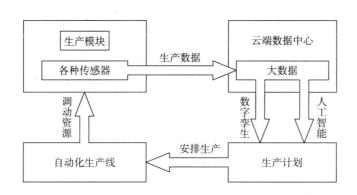

图 6 - 2　工业 4.0 物联网—人工智能闭环生产系统

二、构建多层联动的产业互联网平台与智能化产业生态圈

北京数据资源优势得天独厚、数字产业生态丰富、数字贸易发达、应用市场庞大，拥有全国规模最大、类型最多、层级最高的数据资源；人才基础好，人工智能研究机构数量超过全国一半；优质企业多、关键领域优势突出，已经在装备

制造、安全监测、机器人等领域集聚了一批龙头企业，小米、美团、百度等22家企业上榜"2019年大数据企业50强"。

要培育企业技术中心、产业创新中心和创新服务综合体，引导行业龙头企业、平台企业整合开放资源、建立共享平台，促进资源的有效协同。支持具有产业链带动能力的核心企业搭建网络化协同平台，带动上下游企业加快数字化转型，促进产业链向更高层级跃升。发挥龙头企业、下游企业等相关企业的示范作用和推动作用，将智能技术应用引入扩大至供应链生态系统内其他企业，实现上下游数据通过统一接口平台集中实时共享，共建智能化生态圈。一是以高度信任、利益共享破解当前数据要素开放共享难题；二是有利于上下游对接信息、智能化调整供应，实现成本节约、高效生产；三是化企业的"单打独斗"为共享信息与价值的"企业联盟"，有力增强企业黏性和总体竞争力，为打造区域、全国甚至全球生产线的"指挥塔"、数字产业集群"大脑"奠定良好基础。

三、构建跨界融合的数字化生态

近年来，国家加快推动企业"上云用数赋智"。支持在产业集群、园区等建立公共型数字化转型促进中心，强化平台、服务商、专家、人才、金融等数字化转型公共服务。鼓励平台企业创新"轻量应用""微服务"，加快培育一批细分领域的瞪羚企业和隐形冠军。培育重点行业应用场景，加快网络化制造、个性化定制、服务化生产发展。

要协同推进供应链要素数据化和数据要素供应链化，支持打造"研发＋生产＋供应链"的数字化产业链，支持产业以数字供应链打造生态圈。加快数字化转型与业务流程重塑、组织结构优化、商业模式变革有机结合，构建"生产服务＋商业模式＋金融服务"跨界融合的数字化生态。

要拓展经济发展新空间，大力发展共享经济、零工经济，支持新零售、在线消费、无接触配送、互联网医疗、线上教育、"一站式"出行、共享员工、远程办公、"宅经济"等新业态，充分发挥数字经济就业蓄水池作用。

要加大数字化转型支撑保障，创新订单融资、供应链金融、信用担保等金融产品和服务，拓展数字化转型多层次人才和专业型技能培训服务，以政府购买服务、专项补助等方式，鼓励平台面向中小微企业和灵活就业者提供免费或优惠服务。

四、强化安全、补齐链条，加强制造业数字化跨区分工合作

制造业是实体经济发展的重要基础。近年来，北京制造业占 GDP 的比重下降过快，高端制造业发展还不够，面对外部不确定性，脆弱性明显凸显、风险加大，亟须加快调整升级，奋力扭转制造业发展不足局面。北京制造业占比下降远远早于世界发达城市。纽约、东京在人均 GDP 突破 2 万美元时制造业占比约 20%、18%，突破 3 万美元时制造业占比约 15%、17%。2018 年北京市人均 GDP 达到 2.13 万美元，但制造业占比已不到 11%，也明显低于上海、深圳等国内其他一线城市（北京第二产业比重从 2000 年的 33.6% 迅速下降至 2019 年的 16.2%，比上海低 11 个百分点，比深圳低 23 个百分点）。国际大都市产业发展的规律和经验表明，制造业对服务业存在 1:4 的带动系数，保持一定比重的制造业有利于促进服务业创新发展升级。创新成果的 90% 来源于制造业企业，创新资源的 70% 用于制造业，先进制造业发展与科技创新中心有机耦合，可以促进科技创新成果转化，亦能为科技创新提供强大动力和应用场景载体，支撑科技创新中心建设。总体而言，北京当前大部分制造业企业处于孤立式发展状态，既缺少龙头企业，也缺少单项冠军和隐形冠军企业，高中低的全链条产业集群没有形成，与长三角、珠三角地区产业生态丰富、1 小时产业配套圈差距明显，导致北京本土的创新成果、创新企业外迁。

要聚焦集成电路、新能源智能汽车、智能装备、新材料等重点领域，加快上下游零配件和中试平台、关键工艺平台等产业链环节在京津冀更大范围进行合理布局、环节配套和资源配置。把握新一代信息技术与医药健康深度融合发展趋势，夯实医疗信息化新基础设施，加快互联网医疗引领的行业组织变革，占领生物技术与制药、新型医疗器械前沿技术制高点，以疫情防控和疫苗研发为突破，加快构建全社会智能健康系统，在生物工程、生命科学、脑科学等前沿领域开展前瞻性布局，培育未来产业。

要深化制造业服务业融合发展。通过新一代信息技术赋能，以延长链条、提升价值、增强竞争力为导向，在服务全国工业基础再造和产业提质升级中加快制造业与生产性服务业融合发展，打通全产业全流程全链路数字化融合智能化对接，增强先进制造业与生产性服务业互为支撑的产业发展"双动力"。

第三节 推动生产性服务业专业化、国际化、数字化，强化优势、拓展发展空间

截至 2019 年底，北京三次产业结构为 0.3 ∶ 16.2 ∶ 83.5。与上海、深圳相比，北京市第三产业比重居首，高出上海约 11 个百分点，高出深圳近 23 个百分点。梳理对照经济增速与劳动生产率的变化历程发现，北京 2008 年 GDP 增速从两位数降至个位数，逐步进入中速增长阶段，这与第三产业劳动生产率被第二产业赶超的时间段基本一致，生产性服务业竞争力有待加强。

国家层面服务业发展需求空间巨大，要充分发挥北京市科技、信息、金融、商务等生产性服务业资源密集高端优势，加快生产性服务业数字化进程，拓宽北京市在服务全国新型工业化、信息化、城镇化、农业现代化及京津冀协同发展中的作用。抓住软件和信息服务业这个数字经济中最活跃的部分，用好央企和创新头部企业集聚条件，以产业互联网、云计算和智能计算为突破口，支持新一代信息技术、工业互联网、车联网、区块链等领域服务型、平台型企业发展，支持基于互联网的产业组织变革、商业模式创新、供应链和物流链整合，支撑国内企业生态配套、场景互通、走向国际，拓展开放共享的数字经济空间，打通内外双循环。

一、创新发展金融业

金融业是首都经济的第一大支柱，但与国际都市相比仍有差距。根据《全球金融中心指数报告》，北京排全球金融中心第 7 位（上海第 5 位），北京虽是国内金融管理中心，但金融市场不如上海，与纽约、伦敦等知名国际金融中心城市相比差距更大。根据《全球投资机构 100 强排行榜》，北京有 16 家入选，居国内城市首位，是国内风险投资和创业中心，但与美国硅谷地区近 40 家相比，仍存在差距。一是内部结构急需调整优化。北京以银行业为主，资本市场服务业和保险服务业占比不高，结构不够优化，资源配置效率不高。缺乏成熟的证券交易所，导致资本市场服务业方面缺乏活跃的证券、期货、基金等金融服务机构，不能充分支撑国家科技创新、文化创新、服务业对外开放战略。二是金融衍生业态亟须

加快创新。在金融科技方面，北京 70% 金融科技企业是大数据、云计算、人工智能、区块链等技术类企业，而金融安全、互联网银行、保险科技等业务类企业实力不足。在财富管理、消费金融方面，北京是全国高净值人士密度最高的地区，财富群体众多，但消费金融、财富管理等新兴金融业态仍在培育，私人银行、基金、信托、保险等专业化高端财富管理机构的引进和集聚还不足。三是北京金融业国际化程度不够高。北京对外资金融机构的吸引力不强，保险业对外开放不够。数字货币作为未来金融发展的重点，人民币国际化的重要举措，推进速度也不快。

要顺应人民币市场化改革、国际化发展趋势，服务好亚投行、丝路基金等国际性金融机构在京发展，积极争取在京设立国际化货币清算结算中心，积极配合央行做好国家主权数字货币试点，加快建设"全球金融科技中心"。支持辖区内各类金融机构服务央企、市属国企、民营企业"走出去"，强化对京津冀协同的金融支持。全面配合落实新三板深化改革，培育国际化的资本市场，为科技社会创新注入资本动能。突出全国科技创新中心、文化中心定位，聚焦北京市有优势的科技创新、文化创新、互联网、教育等科创板、文创板等，为行业创新、创业提供创富出路，激活全流程创新链条，引导资本、资源、人才进一步向经济社会创新集中，源源不断创造新供给、满足新需求、繁荣新消费，畅通双循环。

二、改革发展科技服务业

近年来，北京的技术服务国际收入在下降，上海则突飞猛进，深圳相比较弱但正在逐步增强，北京科技服务竞争优势有减弱趋势。根据《2020 全球科技创新中心评估报告》，北京排第 7 位，与硅谷、纽约、伦敦、巴黎、波士顿、东京等城市相比，北京在全球科技创新体系中的地位仍有待提高。从研发国际合作看，目前北京市共有外资研发机构 79 家，与上海市累计认定的 30 批 451 家外资研发中心相比，北京市在整合利用以外资研发中心为代表的国际科技服务资源方面仍存在差距。全球科技创新实践表明，只有融入全球创新体系才能深入融入全球价值链。《自然》杂志的一份报告显示，即使是在欧美，将近一半的一流科学研究来自于国际合作。国际分工、协同和合作才能最有效率地推动人类知识创造、技术创新。

在创新源头，要试点推进科技创新投入机制市场化改革，推动科研项目去行政化，培育、引进国际一流的基础研究和应用基础研究人才，激活原始创新和自主创新；以企业为主体打造市场化运作的创新联合体，发挥科创基金的引导作用，优化研发经费来源结构，培育国际一流的创新企业。

在技术推广、转移交易和转化应用环节，汇聚培育一批国际一流的技术转移机构，引进培养一批国际化、专业化的懂技术、会经营、熟悉法律财税等复合型技术经理人，营造小试、中试、量产以及基础工业、应用场景，促进创新成果转化应用。

在创新生态环境上，围绕金融科技、研发服务、检验检测等领域，集聚和培育一批具有品牌影响力和国际竞争力的专业机构，统筹带动前沿技术研究、技术开发、标准制定等工作。

在国际合作上，要进一步鼓励国际人才交流，在全球化遇到阻力、疫情加大保护主义的情况下，可考虑推出面向全球的开放科研基金，以此作为平台和桥梁，吸引国际优秀人才和开创性的原创思维，并采用国际上行之有效的创新管理方法和全球的优秀人才来推动北京创新水平，提升北京科技服务业在全球的竞争力。

三、国际化发展商务服务业

商务服务业是生产性服务业的重要组成部分，是产业高端化、国际化发展的粘合剂、发酵点，是要素市场化配置的基础性工作，是优化营商环境的重要环节，也是国际经济交往的重要支撑。北京商务服务业存在迫切的专业服务需求，但优质供给不足。随着北京开放型经济步伐加快，对于高端的法律、会计、设计、咨询等专业服务的需求快速增长，但相关的供给严重依赖外国企业在华分支机构，本土品牌企业很少，以中小企业为主，多为分业经营为主，服务项目单一。

要加快培育国际化的法律服务。围绕日益增长的国际事务需要，汇聚国际知名律师事务所，引进培养一批具有国际视野、通晓国际规则、善于处理涉外法律事务的国际法、民法律师。

要加快培育国际化的会计审计、金融信用评级、知识产权评估服务。围绕日益增长的国际经济活动需要，汇聚培养一批国际通用的特许会计师、国际内部审计师、国际注册税务师等；提升、壮大一批国内在京评级机构；支持一批技术、专利、标准、文化著作权等知识产权机构做大做强，完善知识产权价值评估环节。

要做强战略咨询服务。利用美国战略咨询行业在华业务萎缩的窗口，引进、留住人才，做强咨询行业，支撑产业经济高端化、国际化发展。

四、开放发展服务贸易

北京市服务贸易逆差逐年扩大，从 2010 年的 21.9 亿美元扩大到 2018 年的 480.6 亿美元，服务贸易进口中传统产业比重过大，海外留学消费、海购等相关的旅行、运输服务两大行业占总进口的 70%。

要发挥服务业扩大开放综合试点与自由贸易试验区政策叠加优势，全面升级服务业扩大开放。一是规划建设北京大兴国际机场现代国际消费枢纽。荟萃世界五大洲中高端优质商品、集成展示中国智造消费品、体验中国优质特色服务、引领亚洲中高端消费。二是优化关键生产资料和高端消费产品流通服务。立足一批"全球购买、全国批发"的大型央企生产资料（能源、矿产、粮食等涉及国家经济安全的战略性物资）总部企业，壮大全国乃至全球生产生活供应链上的关键地位。

五、加快发展数字贸易

2020 年，北京明确建设以科技创新、服务业开放、数字经济为主要特征的自由贸易试验区，加快推动服务业贸易转型升级，细化落实数字贸易试验区、大数据交易所和数据跨境流动监管等相关措施，为国家数字开放政策提供压力测试区，提升全球资源配置水平。

要立足中关村软件园，推动数字证书、电子签名等的国际互认，试点数据跨境流动，建设国际信息产业和数字贸易港，探索建立以软件实名认证、数据产地标签识别为基础的监管体系。立足北京大兴国际机场临空经济区特定区域，在数字经济新业态准入、数字服务、国际资源引进等领域开展试点，探索数据审计等新型业务，为国家数字开放政策提供压力测试区，参与和引领国际数字贸易规则制定。研究境内外数字贸易统计方法和模式，打造统计数据和企业案例相结合的数字贸易统计体系。

六、提升生产性服务业国际化水平

用好"三平台"，抢抓对"一带一路"及全球的服务支撑力度，加快国际化进程。发挥新基建和数字基建优势，背靠国内完备的工业体系，支撑央企对外基础设施和产业园区建设，支撑骨干企业参与国家"一带一路"重大信息互联设施建设，支撑大数据、云计算等国际合作项目，引领、带动生产性服务业"出海"，扩大生产性服务业市场，拓宽全球范围配置资源的空间，在打通国际循环中发挥中枢作用。

七、持续提升生活性服务业发展品质

根据国家工商总局企业登记注册大数据，截至 2019 年 9 月，登记注册于北京的生活性服务业①企业数量为 91675 家，位列全国第一，是深圳的 2.3 倍，比上海高出 13%（见图 6－3）。自 2016 年以来，企业招聘数量②与上海交错第一（见图 6－4），但招聘平均薪酬较低，2019 年 1～10 月，北京生活性服务业招聘

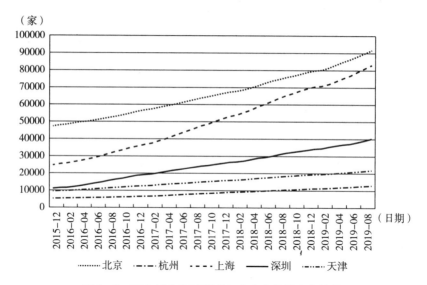

图 6－3　五大城市生活性服务业企业数量变化趋势

资料来源：根据 2019 年 9 月全国企业工商登记注册数据库整理测算。

---

① 根据统计局关于印发《生活性服务业统计分类（2019）》的通知，生活性服务业是指满足居民最终消费需求的服务活动。分类范围包括十二大领域：居民和家庭服务、健康服务、养老服务、旅游游览和娱乐服务、体育服务、文化服务、居民零售和互联网销售服务、居民出行服务、住宿餐饮服务、教育培训服务、居民住房服务，其他生活性服务。

② 招聘数据主要来源于智联招聘、猎聘等全国主流互联网招聘网站发布的招聘信息，时间周期为 2016 年 1 月至 2019 年 9 月，数据共计超过 1.17 亿条。使用生活性服务业相关关键词对招聘岗位进行匹配，并将招聘企业名称与企业工商登记注册数据库进行关联，以获得注册于不同城市的生活性服务业企业对应的招聘数据。

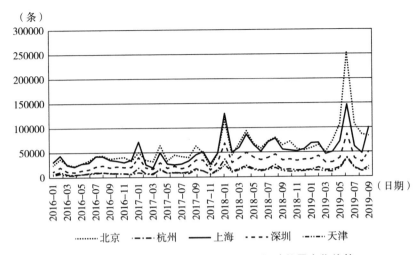

图6-4　五大城市生活性服务业企业招聘数量变化趋势

资料来源：根据智联招聘、猎聘等全国主流互联网招聘网站发布的招聘信息大数据分析测算。

平均薪酬为7916元，比上海低约10%，比深圳低约6%（见图6-5），能提供富有活力但劳动力价格相对较低的生活性服务。但是文化、旅游、健康养老等高品质服务供给较为缺乏，内容不丰富，特色不突出，品牌优势不明显，服务水平需要大幅提高。

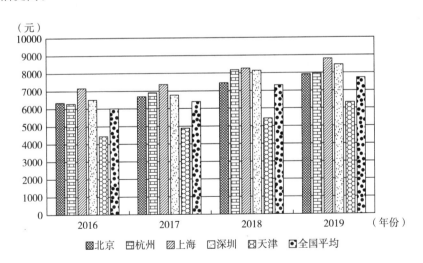

图6-5　五大城市生活性服务业企业平均工资变化趋势

注：2019年数据为1～10月互联网招聘大数据。

资料来源：根据智联招聘、猎聘等全国主流互联网招聘网站发布的招聘信息大数据分析测算。

相比制造业大部分属于高度市场化部门，教育、健康养老、体育、文化等诸多服务业市场对内对外开放不足和竞争不充分，客观上阻碍了传统服务业的提升和新服务业的出现。2015年实施服务业扩大开放综合试点以来，外资加速向信息服务、研发与设计服务、现代金融、租赁和商务服务业等生产性服务业领域集聚，但文化、教育、体育、娱乐、医疗健康等生活性服务领域吸收外资较少。

"十四五"时期，要以打破垄断为重点，推进生活性服务领域对社会资本开放市场准入。非基本公共服务领域如文化、健康、教育、医疗、养老等对社会资本全面放开市场准入，基本公共服务领域以扩大竞争倒逼品质提升。纵深推进服务业扩大开放，在生活性服务领域聚焦教育、文化旅游、医疗养老、体育服务等重点领域，实施改革开放行动计划，在确保国家安全前提下，提供多元化服务供给，满足多层次生活服务需求。

执笔人：李金亚　常艳　刘作丽　孟香君　吴伯男

参考文献

［1］两部委：推进"上云用数赋智"行动 培育新经济发展［EB/OL］. 中国经济网.［2020－04－13］. https：//www. toutiao. com/i6815031980409750024/.

［2］发改委发文鼓励发展共享员工等灵活就业新模式［EB/OL］. 邦孚人力.［2020－04－24］. https：//www. toutiao. com/i6819099567498199555/.

［3］国家发展改革委 中央网信办印发《关于推进"上云用数赋智"行动 培育新经济发展实施方案》的通知［EB/OL］. 网信内蒙古.［2020－04－11］. https：//www. toutiao. com/i6814260804628513284/.

第七章 遵循社会发展规律
促进人的全面发展

社会是以一定的物质生产活动为基础而相互联系的人类生活共同体。马克思将"社会"定义为"生产关系总和起来就构成所谓社会关系,构成所谓社会"。马克思主义认为,生产力是最活跃最革命的因素,是社会发展的最终决定力量。无论什么样的生产关系和上层建筑,都要随着生产力的发展而发展,否则,就要进行调整和变革。从社会发展历程来看,生产关系也会反作用于生产力。当生产关系不适合生产力的发展,劳动者的积极性和创造性受到抑制,生产资料不能发挥应有的作用时,生产力的发展将受到严重阻碍。如由于不同利益阶层的矛盾激化而造成社会撕裂,社会运行无序而导致居民可支配收入差距拉大,出现两极分化,最终将阻碍社会发展,动摇社会稳定根基。社会发展的核心和最高目标是人的全面和自由发展,离开了人的发展,就谈不上社会的发展。从社会发展规律看,社会发展程度集中表现在人民生活水平上,人民生活水平应与社会公共服务体系建设能力相匹配。"十四五"乃至未来更长一段时期,推进社会公共服务高质量发展是实现人民生活水平和质量提高、促进人的全面发展的必然选择、主要手段和重要内容。

第一节 社会公共服务的概念界定

公共服务是指由政府部门、国有企事业单位和相关中介机构履行法定职责,根据公民、法人或其他组织的要求,为其提供帮助或者办理有关事务的行为。公共服务事项是由法律、法规、规章或者行政机关的规范性文件设定，是相关部门必须有效履行的义务。由于公共服务事项涉及范围广，数量众多，各级政府主要有两大领域的服务事项：一是与创业创新领域有关的服务事项，包括有关政策支持、法律和信息咨询、知识产权保护、就业技能培训等综合服务等事项；二是与公民日常生产生活密切相关的事项，包括有关公共教育、劳动就业、社会保障、医疗卫生、住房保障、文化体育、扶贫脱贫等事项。

基本公共服务指建立在一定社会共识基础上，由政府主导提供的，与经济社会发展水平和阶段相适应，旨在保障全体公民生存和发展基本需求的公共服务。享有基本公共服务属于公民的权利，提供基本公共服务是政府的职责。随着经济发展和人民生活水平的提高，基本公共服务范围会逐步扩展，水平也会逐步提高。在2012年出台的《国家基本公共服务体系"十二五"规划》中提出了基本公共服务的范围、标准和体系，在2017年出台的《"十三五"推进基本公共服务均等化规划》中明确了国家基本公共服务的制度框架，在2018年出台的《关于建立健全基本公共服务标准体系的指导意见》中构建了基本公共服务标准体系的总体框架，主要以幼有所育、学有所教、劳有所得、病有所医、老有所养、住有所居、弱有所扶等为统领，制定国家基本公共服务标准。党的十九大报告提出，要坚持在发展中保障和改善民生，在幼有所育、学有所教、劳有所得、病有所医、老有所养、住有所居、弱有所扶上不断取得新进展，保证全体人民在共建共享发展中有更多获得感。

社会公共服务是北京市自"十一五"以来沿用的概念，专指在社会发展领域中的公共服务，主要包括教育、医疗卫生、文化、体育、公共安全、社会福利和社会救助等内容。"十一五"时期，北京市开始编制社会公共服务发展规划，2006年印发了《北京市"十一五"时期社会公共服务发展规划》作为"十一五"时期社会发展工作的战略部署，2011年印发《北京市"十二五"时期社会公共服务发展规划》，2016年印发《北京市"十三五"时期社会基本公共服务发展规划》，在2019年进行了"七有""五性"体系的探索实践。在2019年国家发展改革委联合17个部委出台的《加大力度推动社会领域公共服务补短板强弱项提质量，促进形成强大国内市场的行动方案》中，在公共服务前添加了"社会领域"，内容上有教育、医疗卫生、养老、社会福利、就业、文化、体育、残疾人、托育、家政、社区、旅游、广电等领域。本书延续北京市社会公共服务的既往应用概念，将研究概念界定为社会公共服务。

第二节 社会公共服务发展的一般规律

当前，北京经济发展已迈进了高收入国家和地区水平，社会公共服务发展应更加聚焦在高质量、多元化方向，提升社会公共服务发展的质量和效益。从国际上看，人均 GDP 达到 3 万美元时，社会公共服务发展将呈现以下规律。

一、社会公共服务需求规模更大、质量更高

发达国家在人均 GDP 达到 3 万美元前早已实现了基本公共服务均等化和城乡一体化。在达到这一水平后，民众的社会公共服务需求不仅是规模大幅提升且层次更是大幅度提高。不论是以"公民本位"为社会公共服务价值取向的英国，还是"效率优先，质量至上"的市场化发达的美国，自 20 世纪 90 年代以来，民众对于社会公共服务的需求规模一直保持不断扩张趋势。同时，居民对社会公共服务的质量需求，愈发注重能满足其发展权、促进自我实现，尤其是精神文化层面的社会公共服务，如教育、文化和体育等。

二、社会公共服务供给大幅增加，市场化程度加深

20 世纪 90 年代前后发达国家在人均 GDP 达到 3 万美元后，经济增速进入放缓期，都面临社会公共服务需求规模扩张且越来越多样化、深层化的情况，出现了政府社会公共服务（福利）支出急剧增加、政府社会职能膨胀、相关部门就业人员快速增长等一系列现象。与此同时，全能型政府造成的机构臃肿，公共产品和服务供给效率低下、缺乏灵活性等问题也日益为社会舆论所诟病。以此为背景，英国、美国、新西兰、澳大利亚等西方国家相继掀起了以解除管制、私有化及自由化为主要标志的政府公共产品和社会公共服务供给市场化改革的热潮，单一的政府主导供给模式被创新的市场化模式所取代。20 世纪 90 年代初，PPP 模式在西方主要发达国家盛行，至 90 年代末 REITs 在美国的社会公共服务领域兴起。

三、政府在社会公共服务供给中的角色重塑

伴随着社会公共服务供需情况变化的是西方国家政府重塑运动的兴起和发

展，"服务而不是管制"的新社会公共服务理论贯穿于社会公共服务改革和法规政策的制定、实施全过程。在此期间，政府的组织结构更加"自治、合作、精简和便捷"，政府的行为方式更加"公开、透明"，政府的决策过程更加注重"参与、对话和协商"，政府公务员角色是"服务者"。在社会公共服务供给上，政府更加注重以人为本，不仅要对"顾客"——民众的需求做出回应，还要通过制度建设在民众及民众之间形成协作关系，民众对社会公共服务的满意成为了衡量政府社会公共服务供给情况的基本尺度。

第三节　北京社会公共服务发展中的主要问题

北京社会公共服务发展中存在的问题主要表现在结构不合理、作用不突出、主体不兼容等方面，"十四五"时期将围绕这些问题开展北京社会公共服务供给侧结构性改革，破解社会公共服务发展中的难点问题。

一、结构不合理，区域性、领域性发展不均衡

紧缺和闲置并存，造成了社会公共服务资源的极大浪费，如在教育领域，名校"马太效应"愈加明显。服务总量缺口与空间布局不均衡，造成与居民生活密切相关的托育、养老、就业服务、体育健身等方面的"保基本"供给不足，影响了社会公共服务的便利性与覆盖度，在给公众提供舒适便利和获得感方面仍存在一定缺口。以公共体育设施为例，按照《北京城市总体规划（2016 年—2035 年）》要求，至 2035 年规划期末人均公共体育用地面积应达到 0.7 平方米，现状仅为 0.32 平方米，远不及规划期末目标。

二、无法有效适应、满足、引领消费需求

社会公共服务不同程度上存在着创新不足和效率低下，行业发展的活力和动力不足等问题，其"新业态、新模式、新机制、新技术"的发展特征体现不明显，能够凸显出高科技含量的、高附加值的服务和产品仍显缺乏，无法有效反馈需求。社会公共服务供给管理的精细化程度有待加深，北京市人均社会公共服务占用量虽全国领先，但公众对社会公共服务的满意度却不高。如教育国际化水平

一直处于全国领先地位，国际学校数量位居全国前三，但仍缺乏与国际交往中心、世界性大城市相匹配的国际化公共服务形态与水平。

三、服务供给中的碎片化、孤岛化、单一化问题突出

集中表现为统筹化、综合性的公共服务供给尚未破题，政策机制"碎片化、孤岛化"，供给主体"单一化"。从投资来看，与商业领域和基础设施领域相比，社会领域民间投资总体偏少，新建公共服务设施大部分通过房地产开发绑定的配套公建实现，2019 年，卫生、社会保障和社会福利业实际利用外资金额占北京服务业外资总量的比重仅为 0.1%，教育领域占比为零。

四、服务效能不高，商业模式不成熟

公共财政投入和社会产出之间存在差距，对健康领域的测算表明，1 个点的公共财政投入仅带来 0.8 个点的供给产出，供给效率成为制约社会公共服务高质量发展的重要因素。从商业模式来看，社会公共服务各领域商业模式还不成熟，品牌化、连锁化、规模化、专业化和标准化的公共服务供给在市场上尚未形成主流，行业整体效率不高。

五、主体不兼容，摊低资源优势

在社会公共服务领域，政府投入和人力资源基本集中在事业领域，政府投入主要以经费划拨方式拨付给事业单位，事业对产业带动力、辐射力较小，两者融合发展不足。教育、卫生、文化等社会公共服务高度依赖人力资本，但由于事业、产业的割裂发展，事业积累的人力资本优势无法向产业辐射。

第四节 "十四五"时期北京社会公共服务的发展形势

进入新时代，社会公共服务的发展质量将成为首都发展的坚实基础和重要驱动。从发展阶段来看，"十四五"时期，社会公共服务应定位于高质量发展中的先导要素（先公共服务供给，再人力人才资源集聚，后经济社会高质量发展），

定位于服务人民需求的前沿哨所，从这些角度来看，主要有以下几个主要特征和阶段性研判。

一、主要特征

从需求看，社会公共服务的需求规模更大、质量更高、层次更多，更加重视满足发展权、促进自我实现的服务需求，精神文化层面需求大幅增加。

从供给看，政府社会公共服务职能扩容、支出急剧增加，政府从"管理者"转变为"服务者"，市场化供给程度加深，逐步形成多元供给格局。

从功能看，社会公共服务消费成为推动区域发展的重要动力，教育、医疗、文化消费增加带动相关行业发展，创造就业机会及衍生新产业，高质量的社会公共服务成为城市发展和城市竞争的重要力量。

从动力看，构建覆盖广泛、供给多元、优质高效的社会公共服务体系是落实政府兜底、加强市场供给和满足多元需求的有效方式。这些特征已经或多或少在北京社会公共服务发展中有所体现，需要进一步把握发展规律、回应发展需求。

二、阶段性研判

一是多元需求波动期。社会公共服务具有长周期、慢调整特征，"十四五"时期是北京人口结构的变动期，人口短周期强波动与长周期老龄化、少子化趋势相叠加，造成了教育、医疗等领域需求在总量上和结构上的较大波动，个别社区乃至区域出现人口结构极化所带来的需求急上急下，增加了社会公共服务保障难度。与此同时，社会公共服务消费在居民整体消费中比重增大，文化、体育消费将呈现指数型增长，教育、健康消费比重稳步提升，形成多样化多层次需求。

二是民生矛盾交织期。伴随着"以人民为中心"思想的进一步深化，人民需求从"有没有"到"好不好""满不满意"转变，入学难、看病难、出行难、宜居性差等民生痛点感受存在放大的可能，围绕入学、就医、养老等热点产生较多矛盾，这些矛盾叠加京籍与非京籍、体制内与体制外、基本与非基本等因素更加错综复杂，严重时可能出现群体性事件，亟须推进以人民需求为总导引的社会公共服务发展体系。

三是国家政策统筹期。作为后小康时代的起步期，国家政策统合力度、程度和范围加大，医疗、养老等全国统筹进一步加速，劳动力、资本、技术等要素进入全国性配置期，基本公共服务清单、制度和标准等成为公共服务"保基本"

供给标配，优质教育资源和优质医疗资源的全国性共享成为迫切要求，需要做好政策的过渡和衔接。

四是科技支撑加速期。新科技、新基建爆发重塑公共服务供给模式，5G覆盖叠加AR技术普及将为线上教育、远程医疗、文化体验等带来更广阔的市场空间和更丰富的实现形式，推动社会公共服务领域、行业的形态变革，为精准识别社会公共服务需求提供支撑，并将逐步改变供给格局和服务生态，推动社会公共服务向全时段、全年龄、全领域、全空间发展。

第五节 对"十四五"时期北京社会公共服务发展的建议

"十四五"时期，北京社会公共服务需要围绕"七有"需求和"五性"要求，提高供给水平和能力，强化供给兜底保障，解决好社会公共服务资源紧缺与闲置并存、供给模式单一、服务供不应求等问题。重点推动"三个转变"：一是以物为中心向以人为中心转变。以物的产出为中心向以人的发展为中心转变，以物的生产为中心向以人的消费为中心转变，以物的价值为中心向以人的价值为中心转变。二是以经济驱动向社会带动转变。产业转型升级更多以人的需求为导向，经济总量中为人服务的部分逐渐代替为生产服务的部分成为主导，保障和改善民生不仅是经济发展的最终目标也是经济发展的最根本动力，还是经济本身的最主要组成部分。三是以一元结构向多元并进转变。政府转向提供制度性公共产品而非公共服务产品的直接供应方；公共服务生产的社会化与生产资料的部门占有或部门规制矛盾缓解，生产资料的市场化和社会化程度加深；市场和社会基础性制度进一步完善，个体之间依托基础性制度开展的广泛协作更加流畅。

一、破解"一老一小"难题

（一）开展城市社区居家养老服务"两试点一评估"工作

"两试点"是指按照服务下沉到社区而非机构下沉到社区的思路，试点打造社区公共服务综合体和试点全面放开社区养老服务市场。全面放开社区养老服务市场是指将现有养老助残卡支持支付的养老服务内容，特别是中介类服务内容向所有符合条件的市场主体开放。提供助餐、助浴和助洁服务代叫的，既可以是养老驿站，也可以是便民服务网点，甚至可以是链家、庆丰包子等连锁门店遍及全城的连锁企业。同时要完善的事中事后监管，大幅提高骗补行为惩治力度，大幅奖励举报并欢迎群众监督，确保形成震慑。"一评估"是指按照简化事前监管、加强事中事后监管的思路，对社区养老服务驿站运营情况和试点工作开展第三方跟踪评估，及时把脉发现政策运行中出现的问题，提出有针对性的改进建议。

（二）农村地区广泛推行"志愿+居家"养老模式

一是从资金上建立多元筹资机制予以支持。建立多渠道资金筹措方式，政府设立专项扶持款兜底，剩余部分按一定比例由村委会、社会、个人分别承担；扩大融资渠道，鼓励社会组织等参与其中。二是从资源上充分利用农村社区卫生资源。继续加强村卫生站、乡卫生院的建设，完善充实药品与医护人员，同时，为行动不便的老年人提供上门问诊与医疗保健服务，满足农村居民尤其是老人就近就医用药方面的需求。根据实际情况，安装紧急呼叫系统，为农村老年人提供及时的医疗服务。三是从组织上更多发挥社会组织作用。搭建平台将政策资源同社会资源进行整合，深化养老服务层次，提高服务效率。例如在志愿服务和居家养老结合基础上，以项目形式引入社工队伍，以社工主导，志愿者协助的方式运行，志愿者可以在项目运行过程中学习社会工作方法。

（三）构建多层次、多渠道、全方位托育服务供给体系

完善托育服务发展的政策支持体系，规范托育服务业的发展。发挥政府在制定政策、引导投入、规范市场、营造环境、监督管理方面的主导作用。建主体多元、性质多样、服务灵活的托育服务体系，鼓励社区办托、楼宇办托、居家办托等小而精办托方式。加强专业化人才队伍建设，依托优质高等教育资源对各类托育从业人员提供持续的专业成长服务。打造集成式婴幼儿照护服务信息管理平台，充分利用互联网、大数据和智能终端设备，对婴幼儿照护机构的申办过程、综合监管、信息公开、诚信记录及业务数据等进行信息化管理。

（四）推进普惠幼儿园从"有效供给"向"优质供给"转变

科学测算普惠性民办幼儿园办园成本，加大对普惠性民办幼儿园的支持力度，建立合理的财政投入机制。研究优化80％的普惠园政策硬性目标，仅对符合小区配建等条件或享受政府足额租房补贴的幼儿园强制要求实施普惠。探索建立分区域、分学区、分群体、分类型等不同类别的普惠标准，增大社会机构生存空间。完善普惠性幼儿园政策标准，参考市政府固定资产投资政策，对地处不同

功能区的普惠性幼儿园，市区两级财政资金按照不同切分比例给予房租补贴支持。加强基层考核制度建设，将普惠园推进工作列入街道考核范围内。要求街道深入研究辖区内幼儿园学位需求和面临的突出问题，统筹整合区域内资源，有效推进民办园普惠化工作。推进社区办园点认定工作，鼓励无证园转正实现就近办园。进一步推进集团化、联盟化办园、公办园办分园、城乡结对办园等办园模式，提升普惠性幼儿园整体办园质量。

（五）拓宽中小学校各类资源投入渠道和投入方式

依法依规引导、推动民办非学历高等教育机构转型、疏解、有序退出，探索根据所在区域教育需求转型为中小学和幼儿园。北京工商大学、首都师范大学和北京城市学院等高校外迁腾退用地优先用于补充基础教育学位缺口。探索发展装配式模块教室，增加学位紧张区域的供给并随入学学位变化灵活增减供给。盘活离退休教职工资源，采用人事代理、劳动用工、劳务派遣等方式，以文体、人社等部门主管学校教师和课外机构各学科名师为主体建立"临时聘用教师机动库"，用以及时补充部分学校老、孕、病、休教师的空缺。鼓励优质学校将高中部外迁到平原地区新城和生态涵养办学，通过寄宿制和跨区招生等方式招收核心区学生就学，试点"逆掐尖"。引入社会力量、利用社会资源全面建设综合高中，加强初高中学生职业能力挖掘和培养，推动职业教育在基础教育和高等教育之间实现贯通培养。

二、建设面向未来城市的数字化医学服务体系

（一）加快推进第三方医学服务中心建设

深入推进北京市远程会诊中心建设工作，向医疗机构提供远程会诊、远程影像、远程超声、远程心电、远程病理、远程查房、远程监护、远程培训等服务。支持社会力量举办独立设置的医学检验、病理诊断、医学影像、消毒供应、血液净化、安宁疗护等专业机构，相关专业医疗质量控制达标的允许其接入京医通全民健康信息平台。鼓励具备专科龙头优势的横向医疗联合体即专科联盟出台专科临床路径标准规范和认证体系，将符合条件的第三方医学服务中心纳入专科联盟，同时探索建设第三方门诊手术中心，提高优质专科医疗服务资源辐射能力。支持第三方医学服务中心向基层社区卫生服务机构置入功能。建成一批基于人工智能技术、医疗健康智能设备的移动医疗示范。提高第三方医学服务渗透率和线上诊疗人次数，使第三方医学服务中心成为新型医疗卫生（医学）服务体系的

重要单元。

（二）加快区域全民健康信息平台建设

在北京通框架下，协调推进统一权威、互联互通的全民健康信息平台建设，推动各级各类医院逐步实现电子健康档案、电子病历、检验检查结果等在同一医疗卫生信息数据库内共享以及在不同层级医疗卫生机构间的授权使用。落实国家医疗健康数据资源目录与标准体系，全面推开病案首页书写规范、疾病分类与代码、手术操作分类与代码、医学名词术语"四统一"。健全基于互联网、大数据技术的分级诊疗信息系统，大力提升医疗卫生机构信息化应用水平，推动实现市域范围内所有医疗卫生机构包括经认证的第三方医学服务中心接入同一医疗卫生信息数据库。

（三）改革完善医保支付政策

试点将符合条件的在线诊疗服务纳入医保支付范围，建立费用分担机制，方便群众就近就医。健全远程诊疗收费政策，加强使用管理，促进形成合理的利益分配机制，支持新型就医形态可持续发展。探索对纵向合作的医疗联合体等分工协作模式实行医保总额付费等多种付费方式，并制定相应的考核办法，引导医疗联合体内部形成顺畅的转诊机制，促使优质医疗资源下沉。积极参与国家医保支付按 DRGs 付费试点工作，加强医疗卫生机构诊疗流程规范，健全病案编码及病案管理制度，做好信息化平台接口改造，与医保经办系统及分组器实现数据互传的准备。推动实现线上诊疗、分级诊疗和医师多点执业等不同诊疗形态平等享受医保政策，引导医疗卫生服务机构节省医疗成本，鼓励重点专科医院转型为研究型医院和临床路径管理执行机构。

（四）做实紧密型医疗联合体建设

医疗联合体内各医疗机构间以单病种一体化临床路径为基础，明确分工协作任务，以患者为中心，为患者提供健康教育、疾病预防、诊断、治疗、康复、护理等连续医疗服务。医疗联合体要积极运用互联网技术，加快实现医疗联合体内上级医疗机构借助人工智能等技术手段，面向基层提供远程会诊、远程心电诊断、远程影像诊断等服务。促进医疗联合体内医疗机构间、医疗联合体与经认证的第三方医学服务中心之间检查检验结果实时查阅、互认共享，推动构建"基层检查、上级诊断，多点诊疗康复"的分级诊疗新格局，市域内所有医疗联合体实现诊断远程协作、诊疗服务连续、临床路径统一、信息系统互联。

三、扶志赋能、激发弱势群体内生动力迈向共同富裕

（一）优化调整政府扶弱方式

从"输血式"救助转变为"造血式"帮扶，让弱势群体实现脱困自立，提升发展能力、坚定开创美好生活的勇气和信心。

一是确保有劳动能力的帮扶对象就业。借鉴国外有条件转移支付、工作福利等做法，设定有劳动能力的帮扶对象领取救助的每周工作时限等条件，确保最低生活保障家庭中有劳动能力的成员至少有一人就业。进一步完善就业收入豁免政策和低保渐退机制，延长渐退时限，提高帮扶对象就业积极性。完善有劳动能力受助者不就业的惩罚措施。

二是加强对困难群体的就业帮扶。推进职业教育机构开展残疾人等弱势群体技能专项培训。改善困难群体就业环境，完善企业招收残疾人、困难群众职工优惠扶持政策。鼓励政府机关、事业单位、社会组织设立残疾人和困难群众工作岗位。

（二）积极推进社会参与，打通弱有所扶最后一米

一是完善社会组织相关政策。试点将人力成本支出作为购买服务支出项目。推进购买服务制度从市级向区和街道乡镇延伸，打造一批社会服务主体。

二是培育社会企业发展，发挥扶弱济困的作用。建立完善符合北京实际的社会企业登记和认证制度。加强社会企业能力建设，开展社会企业培训和金融支持。鼓励社会企业参与弱势群体帮扶，提供场租、税收等方面的优惠和政策支持。

三是加强社会化服务。引入专业社会力量，依托儿童福利机构建设理论研究基地和社会实践基地，在为机构内儿童提供综合服务的同时，利用自身优势资源为周边家庭儿童开展短期照料护理、教育培训等专业化服务。完善社会力量参与社会救助、社会福利的制度设计，严格监管和惩罚措施，防范儿童伤害风险。

执笔人：社会研究部

第八章 遵循城市发展规律，加快宜居城市建设

　　城市建设和发展是一个历史过程，有其自身规律。城市是人口集聚和商品交换的地方。"城市"包括两方面含义，"城"为行政地域的概念，即人口的聚集地，"市"为商业的概念，即商品交换的场所。城市是劳动力、土地、资本、技术、数据等生产要素，尤其是"人、地、房"三个基本要素高度集聚的地方。资本、技术、数据等先进要素集聚度越高，城市就越发达、越现代。"人"是城市建设的核心资源，"地"是城市建设最基本的生产要素，"房"是人类生产生活的基本场所。①现代国际大都市普遍经历了"集聚—疏解—多中心"的发展过程。欧美发达国家近百年的城市发展史是世界城市发展的"快进版"，自"二战"以来，东京、伦敦等国际大都市普遍经历了"集聚—疏解—多中心"的发展过程。②有国际影响力的世界级城市群内部不同城市之间一般都分工明确、联系紧密。例如，美国东北部由纽约、华盛顿、波士顿、费城、巴尔的摩等为中心的巨型城市区域，各城市承担不同角色，既相互合作，又相互竞争，在空间上形成高度一体化的城市化地区。③发达的轨道交通系统对人口疏解和构建城市多中心格局起重要的支撑作用。东京和伦敦通过建设发达的轨道交通系统实现了中心城区人口疏解和多中心城市格局构建。"十四五"时期，北京应遵循城市发展规律，加快疏解非首都功能与建设轨道交通快线并重，统筹推进城市有机更新，改善生态环境，推进智慧韧性城市建设，持续提升城市功能，在建设国际一流和谐宜居之都上取得新突破。

第一节 加快中心城区非首都功能疏解，
拓展首都功能空间

一是加大核心区普通高校、中等职业学校、成人教育和市属行政机构的疏解力度。截至 2020 年 8 月，东城、西城仍有一般性制造业、市场、学校、医院、协会、科研机构等 689 家[①]，其中一般性制造业、专业市场、后台服务等产业相对较少，教育、医疗、行政事业服务机构和企业总部分布相对较多。"十四五"时期，加快东城、西城区普通高校、中等职业学校、成人教育和市属行政机构疏解，带动中心城区非首都功能疏解。

二是加大核心区旅游集散中心和被占用文物的疏解力度。北京的旅游集散中心主要集中在前门、德胜门、景山前街等核心地区，在一定程度上增加了核心区的人流密度和由此带来的车流、交通拥堵、停车难等一系列问题。另外，全市国家级、市级、区级文物保护单位有 890 多处，真正对外开放的文物景点不足 20%，由国家机关、部队、企事业单位和居民占用的高达 80%[②]，主要集中在核心区。"十四五"时期，一是将核心区旅游集散中心向核心区外围大的交通联络节点上进行疏解，引导游客向整个南北中轴线（从永定门到钟鼓楼）延伸、并向中轴线两侧的历史街区扩展。推动被占用文物的腾退和功能疏解，结合历史经典建筑及园林绿地腾退、修缮和综合整治，为国事外交活动提供更多具有优美环境和文化品位的场所。

三是加大中心城区综合交通枢纽疏解力度。截至 2019 年 9 月，北京市已建成的公共交通枢纽共计 23 处，其中，中心城区内部的综合交通枢纽有 11 处[③]，这些交通枢纽出现了两个问题：一方面随着人们出行方式的多样化，交通枢纽功能出现一定程度的退化。北京市的省际长途车客流量每年都在递减，每年减少 100 万～200 万人，占全市长途总客运量的 5%～10%。原有的一些公交枢纽，如

---

① 资料来源：中咨海外咨询有限公司调研数据。
② 引自中国民主建国会资料。
③ 东直门交通枢纽、南站南北广场交通枢纽、西苑交通枢纽、宋家庄交通枢纽、四惠交通枢纽、篱笆房交通枢纽、动物园交通枢纽、西直门交通枢纽、六里桥客运站、北京西站南北广场交通枢纽等。

六里桥客运站和莲花池客运站的客运量已大为减少。另一方面轨道交通快速发展分担了普通公交的客运量。《北京交通发展年报》数据显示，2018 年北京城市客运总量 77.8 亿人次，其中，轨道交通 38.5 亿人次，日均客运量达到 1054 多万人次，同比增加 1.9 个百分点；公交 35.9 亿人次，日均客运量 984 万人次，同比下降 1.4 个百分点。"十四五"时期，一方面建议将省级客运站向中心城区外围地铁沿线站点周边疏解，对有条件的外迁交通枢纽可以进一步叠加就业与服务功能，吸引中心城区服务业和就业人口，分散中心城区的人口密度和压力。另一方面将部分中心城区内综合交通枢纽及公交场站和公交车维修保养站点①外迁调整。

第二节　加快轨道交通快线建设，支撑构建城市多中心格局

一是轨道交通有助于拉开城市发展骨架。从东京、伦敦等国际大都市发展历程看，发达的轨道交通对人口疏解、城市多中心布局具有重要的支撑。例如：伦敦沿泰晤士河自东向西打造 13 个城市副中心，这些副中心之间通过轨道交通、公路和水上交通等方式进行连接，其中，轨道交通包括了 11 条地铁线、26 条城市铁路、1 条轻轨和 3 条机场轨道快线。近年北京地区加快轨道交通建设速度，轨道交通运营里程快速增长，2008 年共有 200 千米，2019 年增长至 700 千米。然而，依然存在着轨道换乘站点分散，中心城区与郊区之间、新城与新城之间尚未连接轨道交通等问题。

二是加快轨道交通快线建设。城市轨道交通是高效通勤和引导城市建设发展的重要载体。加快补齐市郊铁路短板，强化中心城—城市副中心、中心城—新城、新城—新城之间的大运量快速联络。规划建设好市郊铁路是落实城市总体规划、完善交通路网、优化城市空间布局、推动城乡融合的重要举措。坚持高铁、城际、市郊铁路、地下轨道交通"四网"融合、站城一体理念，利用既有铁路资源，研究实施复线改造，增加有效供给，提供"大站快线"轨道交通服务，

---

① 如德胜门、动批、天桥、北京站、东直门、西直门、永定门等交通枢纽地区。

实现中心城区与城市副中心、平原新城半小时通达，带动远郊区发展，加强功能区之间的快速联络，降低核心区、中心城区过境交通量。

三是吸引多方资金推进轨道交通等基础设施建设。受经济增长放缓、一般性财政收入增长困难的影响，"十四五"时期北京用于基础设施建设的财政支出压力前所未有。为此，应借鉴东京等国际大都市吸引社会资本参与城市建设经验，推进轨道交通等基础设施建设。①深化基础设施投融资改革，实现财政投资可持续发展。探索对有营利性地铁路线（如4号线、10号线）上市融资，使国有股能够参与市场流通，通过全流通实现政府投资回笼再投资。②对于有稳定收益的优质基础设施，利用REITs试点契机，运用资产证券化手段解决基础设施投入不足问题。资产证券化切中北京亟须大规模投入的需求，通过资产证券化，可以将政府发债筹集到的资金放大，并且一次性折现，保障现阶段北京发展的需要。③培育综合、跨界、多元的专业化运营机构。通过创新商业模式、提高运营效率、降低成本，提升基础设施项目收益。打造资本运作平台，以市属企业为重点，整合水、电、气、热各方面的专业企业，在资本管理、运营管理、项目管理等方面，形成有规模、有经验、有整合能力的运营主体。④推广公共交通导向的城市发展（TOD）模式。围绕交通廊道和大容量公交换乘节点，强化居住用地投放与就业岗位集中，建设能够就近工作、居住、生活的城市组团。

第三节　统筹推进城市有机更新，
畅通投资生产消费循环

近年来，北京市围绕老旧小区改造、棚户区改造、历史文化街区保护利用、公共空间改造提升等分类别、分领域推进了部分示范性城市更新项目，这种传统分类式、单一化的城市有机更新已经不适应城市深度转型、产业融合和功能复合发展的新要求。"十四五"时期，需要按照统筹协调、分类指导、分区施策、畅通循环的思路，全面、系统推进城市有机更新工作。

一是要运用系统性思维、多目标推进城市有机更新，畅通全市投资、生产、消费循环。通过盘活现有闲置存量厂房，吸引高精尖产业落地，增加投资和税收，促进经济发展。通过老旧小区改造投资，补齐养老、育儿等相关服务设施，开拓银发消费和幼儿消费等新消费模式。同时，能够带动装修、家电等方面的消费。优化城市功能布局。尽管当前北京就业岗位出现了分散态势，但仍主要集中于中心城区，需拉开城市框架结构，增强新城等区域产业承载能力，引导就业向新城地区转移。可以重点通过对五环外老旧厂房改造，通过对四环外闲置楼宇和商场升级改造，配套丰富的生活性服务设施，以低成本优势引导四环内过分集中的产业和就业向五环外布局，以产业空间供给拉开城市"骨架"，实现新城地区的职住平衡、产城融合，促进城市功能布局优化。促进产业发展。通过对老旧厂房的盘活再利用，可以围绕科技产业进行布局，加快扩链、补链、强链，促进生产性服务业与科技产业融合发展，为本市经济循环提供稳定高效的产业基础。

二是加强市级层面的统筹协调。城市有机更新需要市级层面统筹协调。建议尽快制定统筹推进城市有机更新工作的实施方案，加强市级层面对城市更新工作的整体协调和有序推动。按照多功能融合和混合式发展、兼容式发展的需求，推进土地、规划等管理体制机制改革，建立与城市功能优化、城市业态升级相适应的土地和规划管理体制及政策，探索建立不同用地可兼容的目录和项目要求。确立城市更新实践落地实施的激励或约束等动力引导机制，推动投资流、产业流、消费流的融合，建立畅通的城市经济循环体系。

三是分类指导不同项目的更新改造。对于老旧厂房的盘活改造，既可以让原业主独立改造，也可以引入社会资本合作改造，还可以通过整租方式盘活原有工业用地和厂房。对于传统商业楼宇，根据多样化、多层次、复合化的需求新趋势，可以利用5G技术、物联网等智能技术，将楼宇更新改造为全天候舒适工作和生活的，能适应业务全球化无时差办公的，具有最优空气质量的生态智能型楼宇，吸引高精尖业态入驻。可以通过五环外老旧厂房仓库改造，增加重点区域会展、剧场等会议和文化设施，满足多样化的会展、文化消费需求；支持发展增强国际交往中心功能的国际教育、医疗服务机构，增加多元化中高端教育、医疗服务供给，吸引国外消费回流；适当增加便民生活服务设施、公共绿地、停车设施等，完善道路系统。

四是更好落实城市总体规划和分区规划。对于产业园区，尤其是工业园区，可围绕落地企业的实际需求进行业态调整，重点为智能制造配套工业设计、工业研发、仓储物流等，为全市高端制造业发展和产业扩链、补链、强链提供支撑。首都功能核心区老旧小区建筑质量相对较差，设施陈旧、产权复杂，严控增量下可整合市区财政、吸引社会投资推进有机更新。朝海丰石等中心城区老旧小区和老旧厂房规模大，应同步改造老旧小区与老旧厂房，实现资金与规模统筹平衡，注重生产与生活空间协调。平原多点新城工业厂房较多，老旧小区相对较少，应注重利用工业厂房补足生活性配套设施和公共服务设施，吸引社会资本参与市场化运营。

第四节　持续改善生态环境，在宜居城市建设上取得新突破

一是加强以大气治理为重点的污染防治。①坚决打好蓝天保卫战。持续深化"一微克"行动，落实好各项减排措施。推进交通领域污染减排，加强扬尘污染治理，持续优化能源消费结构，通过精细化管理减少生产生活污染排放，加强区域大气协同治理。②持续打好碧水攻坚战。加快推进永定河等跨京津冀河流综合治理与生态修复，有序推进官厅水库生态治理。推进城乡水环境治理三年行动方案，开展雨水等面源污染治理，加快补齐城乡接合部地区污水处理设施短板。全面落实河湖长制，推动水污染防治向水生态保护转变。③坚持打好垃圾分类持久战。强化垃圾源头减量，试点收费机制。高标准建设固体废弃物集中处理设施，提升生活垃圾无害化处理水平。加快推动危险废物处置设施建设，抓好危险废物、医疗废物的收集和处理。④扎实打好净土保卫战。加强农业土壤污染防治，实施污染地块风险管理，建立工业企业用地原址再开发利用调查评估制度，受污染地块优先实施绿化并封闭管理，确保治理修复达标。

二是建设绿色怡人生态城市。①大力提升生态系统质量。实施森林健康经营，加强山区低效林改造，建成生态与社会效益俱佳的近自然森林。优化生态空间布局，重点调整耕地、林地布局，推动森林、农田、河流湿地等生态系统有机结合、相得益彰。统筹山水林田湖草系统治理，大力实施各类生态保护和修复工程，提升生态质量和生态系统功能完整性。打造林水相依、蓝绿交织的滨水亲水空间，促进人与自然和谐共生。统筹水环境保护和亲水休闲、山林保护和森林游憩、生态保护和生态旅游，推进生态产业化。统筹人口资源环境协调发展，以资源环境承载能力为刚性约束条件，确保自然生态永续利用，努力提升城市可持续发展水平。做好生态保护红线与自然保护地的衔接，完善生态保护红线监管机

制，强化生态底线管理，加强生态保育和生态建设。②构建大格局绿色空间。实施留白增绿工程，在中心城、核心区建设绿地公园、小微湿地。拓宽副中心周边绿隔厚度，在温榆河两侧建设生态屏障，串联新城森林公园，推动第二道绿化隔离带地区郊野公园环建设。优化美化绿色空间布局，加强生态协作治理，建设高品质的环首都森林湿地公园。巩固山区生态建设，建设平原地区生态网络，优化城市绿地系统，促进副中心、大兴临空经济区等重点区域生态建设。建立健全生态保护补偿政策体制机制，探索开展跨区域横向生态保护补偿试点。③提升滨水生态环境品质。严守水生态保护红线，加快推进永定河、潮白河、北运河、拒马河、官厅水库等河流、水库综合治理与生态修复。加快恢复"三山五园"等重点地区历史水系，统筹河湖水系、通风廊道、绿地系统、慢行交通等多个空间系统，加强骑行、漫步、休闲、游憩、文化等功能融合，营造水清、岸绿、安全、宜人的滨水空间。④塑造优美市容市貌。持续开展环境综合整治，加大轨道交通、高速公路等交通干道及交通枢纽周边环境建设力度，推进城乡接合部环境整治，推进城中村有机更新和老旧小区和背街小巷环境提升。营造北京特色市容环境景观，突出北京文化特色和首都功能内涵，在长安街及其延长线、重大国事活动地区等全面提升市容环境景观，加强背街小巷、居住小区等重点区域环境建设，实施城市"增绿添彩"景观提升。

三是全面推广绿色生产和生活方式。①构建绿色生产方式。全面推行源头减量、过程控制、末端再生的绿色生产方式，加强存量产业企业绿色改造升级，建设循环经济产业园和循环农业示范园。完善绿色标准和制度体系，完善绿色产品推广政策，健全绿色产品标识认证体系，推动城市建设领域低碳节能，引领新兴行业绿色发展，推动回收行业专业化、绿色化规范发展。②倡导绿色生活方式。组织开展绿色消费活动，推广高效智慧家庭节能、节水器具，推动居民生活节能节水节材。在居民中开展垃圾分类和可用资源回收利用，积极推广应用智能分类和收集设施设备，探索推广适合家庭和社区使用的厨余垃圾就地处理技术，建立可回收物社区交投点和街道（乡、镇）中转站。③促进资源能源节约利用。以建筑、工业、交通及生活领域为重点，提高节能标准，完善服务业能耗标准体系。提升全市建筑领域节能水平，鼓励建筑节能、节水、节地、节材和环保。鼓励工业领域节能技术和装备升级换代，推动园区能源系统节能技术创新。提升全民节能意识。构建完善水资源监管体系，明确全市各区及行业水资源总量控制红线，建立取水、用水区域预警和限批制度。加强农田高效节水灌溉工程建设，制定实施工业主要产品用水定额标准，推动工业用水重复利用。强化循环理念，推动再生水高效利用。④持续推进节能减排。加强温室气体监测、报告、核查及统计核算，明确建筑、能源、交通等重点领域温室气体减排行动目标，严格碳排放总量和强度控制。深入实施碳排放权交易。统筹城乡建设与应对气候变化，提升气候变化应对能力。

四是完善生态环境建设体制机制。①完善自然资源保护体系。做好生态保护红线勘界定标，重新构建和划分自然保护地体系。牢固树立山水林田湖草生命共同体理念，加大统筹治理力度，提升各部门协同共建共治水平。②加强生态保护红线、生态涵养区等重点生态功能区保护立法，完善生态保护补偿、生态环境损害赔偿等激励约束手段。建立个人生态环境信用制度，将个人违规行为纳入个人信用记录。③大力发展生态建设新技术。加快建设环境治理新场景，推进物联网、云计算、大数据、人工智能、5G 等技术在环境治理和生态建设领域的应用。支持大气污染、河道流域、土壤环境等领域关键技术产品研发与集成示范应用。在冬奥会、北京城市副中心、大兴国际机场等重点地区建设绿色技术综合应用示范区。在部分循环经济和污水资源化园区、厂区、重点项目，示范应用一批先进技术。④强化区域生态环境联防联控联治。围绕区域空气质量改善、水环境治理和水生态保护、环首都森林湿地公园建设、节能减碳合作等重点领域，与津冀携手开展区域环境污染的联防联控联治，建立区域生态补偿机制，推动生态系统的保护与修复，着力扩大区域环境容量和生态空间，保护好首都重要水源地和生态屏障。

第五节 以智慧政府建设为抓手，推动智慧韧性城市建设

韧性城市代表了城市系统面对不确定性扰动与突发性危机时的应对能力，在危机后能较快实现调整与发展。"十四五"北京应加紧前瞻性布局。

一是以数据应用为核心，推动智慧城市建设。自"十二五"以来，北京经历了从"网"到"云"的发展阶段，目前正处于"数"的阶段。"网"的阶段是以基础建设为核心，"云"的阶段是以系统整合为核心，"数"的阶段则是以

数据应用为核心。"十四五"时期，北京要以数字政府建设为抓手，加快推动智慧城市建设。①推动智慧政府建设。继续以大数据、云计算、物联网、人工智能等新一代信息技术为支撑，以数字化、网络化、智能化为主要特征，以推动民生服务的便捷化、公共治理的精准化、生活环境的宜居化、基础设施的智能化和产业体系的现代化为主要内容，以提升公众的便捷性、宜居性、舒适性、安全感、幸福感为主要目标，继续推进北京智慧城市建设和发展。充分利用自身良好的信息化基础，大力推进智慧城市建设，努力实现城市治理能力的跨越式发展。②推动智慧交通体系建设。依托大数据平台体系，实现跨部门、跨层级的交通出行数据互联共享，政务数据和社会数据整合应用，构建综合性立体型交通信息资源体系，开发、提升包括态势检测、预警报警、研判分析、指挥调度、出行服务、决策支持在内的主要应用系统。开展基于大数据的公交线网优化工作，搭建开放的动态化的科学交通组织优化与仿真平台，建设交通管理大数据基础分析计算平台，为区域信号优化控制、交通管理措施评估及效果预测提供数据支持。

二是提高城市风险防控意识，加强韧性城市建设。为提升城市应对灾害的能力，纽约、伦敦等城市制定了韧性城市建设规划，启动了韧性城市建设。广东省提出重点打造深圳、珠海、东莞三地应急产业群。上海发布了推进城市安全发展的工作措施。"十四五"时期，北京应借鉴国际、国内韧性城市建设经验，重点是强化多功能，加强韧性城市建设。①建设智能化韧性城市支撑平台。搭建韧性城市综合管理信息平台，构建智能化城市风险管理系统，推动新基建赋能城市安全运行。②建设韧性基础设施。构建强韧性交通运输系统、可恢复的生命线系统、高标准综合性防汛排涝系统和健全医疗废物收集运送处置体系。③建设韧性建筑和服务设施。增强老旧房屋防风抗震性，保障医院和学校房屋安全，推进避难场所规划建设，推进消防设施全域覆盖，推进医疗救助机构常态保障。④提高城市经济韧性。保障城市产业链安全，防范城市金融风险，保障应急物资储备，保障生活必需品供应。⑤提高社会韧性。构建多主体城市治理体系，构建多样化宣传演练体系，推进示范性韧性社区建设。

执笔人：雷来国　马晓春　张晓敏　滕秋洁

第九章　遵循区域发展规律，优化首都圈产业协同路径

在百年未有之大变局叠加百年未遇之大疫情的新形势下，世界经济发展的区域格局正在加速演变。顺应区域发展规律，加快推动首都圈①产业协同发展，是深入贯彻落实京津冀协同发展战略、支撑构建新发展格局的重要着力点。本章在梳理挖掘区域发展规律基础上，创新性地采用大数据分析法，从企业微观主体层面研究产业协同的总体情况，从要素流动层面研究产业协同的核心资源配置，从主要高精尖产业的上下游配套研究产业链的协同情况，以立体化剖析首都圈产业协同发展的现状与问题，进而提出优化路径与相关建议。

第一节　洞察区域发展规律，认识推动首都圈产业协同发展的意义

深刻理解区域发展规律，及时跟踪区域发展动态，有助于准确把握区域发展本质，认识推动首都圈产业协同发展的重要意义。

---

① 一般而言，首都圈是指以首都为核心的都市圈，包括首都及与其功能联系密切的周边区域。本部分把以北京为核心、包括周边毗邻的"3＋6"（包括天津北部的宝坻区、武清区、蓟州区以及河北省张家口市、承德市、保定市、廊坊市、唐山市、秦皇岛市）区域界定为首都圈的空间范围。根据分析需要，研究范围也会适当扩展至京津冀区域。

一、全球产业链供应链加快重塑，安全自主可控对全球分工的影响明显提升，产业经济区域小循环正在替代全球大循环

区域分工的形成与演进，是区域经济增长与发展的重要源泉。长期以来，国际贸易理论一直是解释区域分工和经济活动区域分布的重要逻辑基础。其中，大卫·李嘉图（David Ricardo）的比较优势理论是 19 世纪以来指导国家或区域分工的基本原则，其主旨为各国或区域集中生产优势较大或劣势较小的商品或服务，这样的分工对贸易各方都有利，并能提高资源的空间配置效率。在实践中，跨国公司正是通过全球范围的资源配置，整合全球产业链供应链，追求经济利益的最大化。

然而，近年来，全球性产能过剩、需求不足日益严重，逆全球化的民粹主义、贸易保护等明显抬头。2020 年初，全球大流行疫情更是引发大国博弈进一步加剧，各国显著加强对产业链、供应链的"国家干预"，战略物资争夺激烈，安全自主可控的重要性提升，并在特定领域超越经济利益成为资源配置的首要原则，体现为回归本土、分散化和区域深化特点，全球产业链供应链重构调整成为必然趋势，产业经济区域小循环正在替代全球大循环。在此背景下，北京作为国家首都与周边区域的核心城市，加快与周边区域的产业协同优化是应对全球产业链供应链调整大势，保障城市运维与产业链安全的必然要求。

二、区域成为全球竞争的重要空间单元，周边区域的有力支撑成为中心城市竞争力提升的关键

从区域发展演进历程看，具有更好资源禀赋、更高分工水平和生产率的某些地区逐步成为产业活动与人口密集分布的区域性中心，法国经济学家佩鲁把这种产业部门集中和优先增长的先发地区称为增长极。经济增长极形成以后，会对生产要素和经济活动产生集聚效应和扩散效应。一般而言，城市经济越发达，集聚效应越明显，但当城市发展到一定规模后，资源要素的相对稀缺昂贵与城市的过度拥挤引起规模不经济，对周边区域的扩散效应增强，进而带动周边地区的发展。

全球城市发展的实践表明，20 世纪末 21 世纪初，对全世界具有重大影响和控制能力的中心不再是一个行政区的概念，而是一个功能区的概念，其空间范围已从城市这一点状空间向外放大，扩展成为由中心城市及其腹地内经济实力较为雄厚的不同等级的城市联合形成的独特的空间区域。以首都为核心的都市圈更是通过产业的深度分工密切联动，形成良好的城市—区域关系，支撑其全球影响和控制职能的发挥，成为提升国家竞争力的领头羊。因此，北京国际竞争力的提升不单单是北京自己的事，更需要统筹、协调周边区域的发展。

三、产业协同是推进区域协同的重要手段，数字化、智能化转型对构筑竞争新优势至关重要

从国际国内发展实践来看，产业协同是打造具有国际竞争力的产业集群、推进区域协同的重要手段。无论是欧洲区域一体化进程中的产业部门联合，还是跨国治理中的部门协调机构的建立，抑或是国内珠三角一体化和长三角一体化中的产能调整，均涉及产业要素的流动与协同，以构建更具竞争力的区域产业分工体系、形成密切的联动与互动。

需要关注的是，随着以数字化、网络化、智能化为特征的新兴技术发展和应用，生产要素的相对重要性发生变化。相比土地、资本、劳动等传统生产要素，数据要素的相对重要性快速提升，毫无疑问会导致各地要素禀赋优劣势发生变化，而这会影响企业微观主体的投资决策，区域分工的比较优势格局随之重新定义。对北京而言，充分发挥既有数字经济发展优势，加快带动周边区域数字化、智能化转型，与毗邻区域共同打造高效灵敏的智能供应链，有利于加快构建产业基础高级化、产业链现代化的现代化产业体系，巩固提升首都圈乃至京津冀的区域竞争优势。

第二节 首都圈产业协同现状与问题分析

就概念而言，产业协同一般是指在一定空间范围内，更好发挥政府等外在力量作用，主要发挥产业主体的自组织能力，促进企业层面与产业层面的资源要素统筹，推动产业链和价值链高效有序分工，以实现产业整体发展效益效率与安全自主可控力的提升。本节将重点从企业微观主体层面、产业要素层面及产业链三个层面，分析首都圈产业协同现状与存在问题。

一、首都圈产业协同发展情况总瞰——基于新增企业大数据

企业是区域产业活动最基本的组织单元，也是对国内外经济形势最敏感的微观主体。一个基本的假设是，一个区域产业协同程度越高，抵抗风险和实现利润能力越强，越能吸引更多的企业迁入或产生更多的新企业，反之亦然。因而，企业在某一区域新增登记注册数是表征产业协同情况的总体性指标，既能反映协同的结果，亦是实现协同的重要前提。采用全样本、全产业工商登记注册大数据，对首都圈 2020 年 1~8 月新登记注册企业大数据进行分析，发现首都圈企业新增登记注册数略有下滑，但企业存活率明显提高，并且对于提升区域内部循环流通、提高区域安全运行和抗风险能力的布局已经增强。

（一）首都圈企业登记注册总数下降，但企业存活率提升

2020 年 1~8 月，首都圈区域共登记注册企业 22.8 万家，比上年同期减少了 4.3%，但在营企业数 22.6 万家，比上年同期增长了 4.8%，企业存活率提高了 8.6 个百分点。其中，北京作为核心城市，企业登记注册数下降明显，降幅比首都圈高了近 11 个百分点；与沪深差距明显，新增企业数量仅为上海的 40%，深圳的 51%，但企业存活率三地大致相当，均高于 99%。表明在百年未有之大变局叠加百年未遇之大疫情的新形势下，北京企业主体新增数受冲击程度高于周边区域，与沪深相比市场活力明显不够。

（二）登记注册行业结构未有明显变化，科学研究和技术服务业继续位居第一

从行业分布来看，科学研究和技术服务业、批发和零售业、租赁和商务服务业、建筑业、文化体育和娱乐业、制造业、信息传输软件和信息技术服务业等连续两年占比排前 7 位，所占比例累计达 86%。农林牧渔业、交通运输仓储和邮政业、制造业登记注册数逆势增长，增幅超过 20%。由此可见，在企业微观层面，对于提升区域内部循环流通、提高区域安全运行和抗风险能力的布局趋势已经显现，但由于新增企业总数减少，租赁和商务服务业、文化体育与娱乐业登记企业下滑明显，未来首都圈区域可能面临商业生产经营性空间租金下滑或闲置风险。值得关注的是，信息传输、软件和信息技术服务业新增企业数与占新增企业总数比重在首都圈与北京层面均出现下降，北京新增企业数不到深圳的 1/10、上海的 1/5，需重点关注该行业发展动向，为产业的数字化、智能化转型做好支撑。

（三）企业注册资本规模两头降中间增，大中型企业数量微增

从登记注册资本规模看，1 万元以上的新登记企业比上年同期减少了 4.7%，

其中，1000 万 ~5000 万元（含）、5000 万元至 1 亿元（含）规模的企业数量及占比略有增加，1 万 ~100 万元（含）占比提升但企业数量下降了 4%。由此可见，在疫情冲击下，虽 1 万元以上注册资本规模的企业数下滑，但由于数字化、在线化发展的产业趋势，大中型企业在链接整合资源、打造智能化产业生态圈等方面面临更大发展机遇，相应地登记注册企业数反而逆势微幅增长。就北京而言，大规模企业增长趋势更为明显，显示北京在吸引大型企业方面优势突出。

二、首都圈资本要素流动追踪——基于新增法人股东类企业大数据

从本质而言，产业协同是通过产业主体或政府等外部力量对产业要素的配置而实现，因此，产业要素的流动情况能够反映产业协同发展的动向。与其他生产要素相比，资本要素反应敏捷、流动性佳，能够最及时地体现要素在区域与产业间的配置流动，反映产业协同发展的最新动向。本节采用全样本、全产业工商登记注册大数据，对首都圈 2020 年 1 ~8 月新登记注册的法人股东类企业[①]大数据进行分析，发现新增企业资本来源空间范围收缩[②]，资本在区域内部循环流动趋势增强，创新服务是资本投入的首要领域。

（一）新增登记注册企业资本来源北京占一半以上，与长三角、珠三角资本联系开始收缩

从首都圈新增企业资本来源区域看，北京占比高达 58%，京津冀三省市占比累计达 78%，来自广东、上海、山东、浙江、江苏 5 个东部发达省份的资本占比高于 1%，8 省份资本占比累计超过 90%。与上年同期相比，资本来源区域结构未有明显变化，但资本在京津冀区域内循环流动趋势增强，与广东、上海等珠三角、长三角核心城市的资本联系开始收缩，表明资本要素配置已经显现出加强区域内布局的倾向。就北京而言，新增登记注册企业资本中，来自北京本地的占比高达 69%，京津冀三省市占比累计超过 73%，来自广东、上海的资本占比高于天津，来自山东、浙江、江苏 3 个东部发达省份的资本占比高于河北，8 省份资本占比累计近 90%。表明北京在资本要素方面与长三角、珠三角主要城市的

---

① 仅分析资本来源方为法人类股东，自然人股东未统计在内。

② 资本来源指统计搜索条件下，企业的法人股东来源情况，默认计算的企业数量指法人股东累计数，即出资次数。有两种计算方式，系统以第一种为准：第一，不同企业有同一个法人股东，计算法人股东的合计数量。如企业 A、企业 B 有相同股东 G，统计结果是 2 个股东；第二，不同企业有同一的法人股东，计算法人股东的去重数量。如企业 A、企业 B 有相同股东 G，无其他法人股东，统计结果是 1 个股东 G。

联系依然密切。

（二）新增企业资本近六成来自租赁和商务服务业、科学研究和技术服务业，来自批发和零售业的企业数明显增长

从资本来源行业看，首都圈新增企业近60%的资本来源于租赁和商务服务业、科学研究和技术服务业，两者占比大抵相当。资本来自于批发和零售业法人类股东的企业数比上年同期增长6.5%，占新增企业总数的比重提升近1个百分点。北京与首都圈在资本来源的行业结构分布特征基本一致，新登记注册企业资本近65%来自租赁和商务服务业、科学研究和技术服务业，两者占比大抵相当。资本来自于批发和零售业法人类股东的企业数比上年同期增长3.7%，占比提升0.5个百分点，表明来自批发和零售业资本的新投资企业数逆势增长。

（三）新增登记注册企业投资去向北京占一半以上，呈现向京津冀区域内部聚焦，北京新增企业投向区域结构发生明显变化

从首都圈新增企业投资去向①的区域分布看，北京占比高达53%，与上年同期相比提高了7个百分点；京津冀三省（市）占比累计达70%，同比提高了8个百分点。就北京而言，面向本地的投资次数逆势大幅增长，是2019年同期的6倍有余，占比高达六成以上，比2019年同期提升59个百分点；京津冀三省（市）占比累计达69%，比2019年同期占比提升超过66个百分点。与2019年同期相比，投资去向区域结构发生明显变化，从主要投向广东转为投向北京本地，但与山东、广东、上海、浙江、江苏等珠三角、长三角省（市）的来往依然较为密切，投向海南的占比提高近1个百分点，这与当前疫情下的区域小循环趋势基本一致。

（四）新增企业投资超过1/3去向科学研究和技术服务业，北京新增企业投向批发和零售业的占比明显下降

从首都圈新增企业投资去向行业看，科学研究和技术服务业位列第一，占比高达1/3，租赁和商务服务业位列第二，占比超过1/5；批发和零售业位列第三，占比近10%，比2019年同期占比提升约3个百分点。对北京而言，从投资去向行业看，科学研究和技术服务业位列第一，占比超过36%，与2019年同期相比，占比提升了近20个百分点，表明该行业投资活力明显提升。需要关注的是，投

---

① 投资去向是指大数据平台统计搜索条件下对外投资企业的情况，默认计算的企业数量指对外投资次数。如果不同企业对外投资了同一企业，则会累计计算出资次数。

向批发和零售业的次数占比不到10%，比2019年同期占比下滑近10个百分点，表明该行业投资活力有较大下降。投向制造业的次数大幅下降超过92%，占比下滑超过3个百分点，表明北京制造业投资明显缺乏活力，北京制造业占比保持一定比例难度较大。信息传输软件和信息技术服务业投向次数占比与首都圈趋势基本一致，与2019年同期相比下降4个百分点，结合该行业新增企业数下降趋势，表明该行业在不同空间层面的资本流动活力下降，对整个区域的数字化、智能化转型挑战较大。

三、北京重点高精尖产业协同分析——基于产业链上下游大数据

在当前全球供应链重塑、大国竞争加剧的新形势下，构建区域安全自主可控产业链必要而迫切。本节选取新一代信息技术、医药健康、智能装备等涉及国家安全和核心竞争力的三大重点高精尖产业[①]，利用人民大数据平台2018年增值税发票大数据，瞄准营收占比前3的细分产业，有针对性地绘制北京重点高精尖产业在京津冀区域的上下游图谱，通过全样本企业的真实经营交易数据，深入剖析产业链协同情况，以梳理诊断既有产业链的基础与系统性，弄清需要强链、补链、延链的环节，尤其是影响产业链系统性功能的关键环节、"卡脖子"环节。

（一）新一代信息技术营收分布高度集中，主要细分产业以本地配套为主

新一代信息技术通过数字化、网络化、智能化赋能高质量发展，对提高制造业价值链地位、抢占新一轮经济和科技发展制高点意义重大。2018年，北京新一代信息技术营收中，移动通信网络运营服务业、网络信息安全软件业合计占比超过9成，其中，前者在京津冀上下游配套均不到1/2，与移动电信业联系最为密切；后者京津冀上游配套超过1/2，下游超过1/3，两产业均以北京本地配套为主，与津冀联系明显薄弱。

移动通信核心元器件、集成电路芯片设计属于新一代信息技术发展的关键环节，但因缺少企业或企业成立时间尚短，暂无行业营收数据，需加快补链。集成电路制造与封装、集成电路设备等已有一定发展基础的环节需加快强链。目前全

---

① 本节所指高精尖产业是指《北京市十大高精尖产业登记指导目录（2018年版）》划定的产业分类。其中，新一代信息技术包括新一代信息技术21个行业小类与集成电路6个行业小类，共计27个行业小类；医药健康包括16个行业小类；智能装备包括80个行业小类。

球半导体①正在经历从台湾向大陆的第三次产业转移②，以华为为首的龙头产业正在开启新一轮国产供应链重塑，国产替代空间巨大。国内多地大力投资与发展集成电路产业，江浙沪皖三省一市构成的长三角区域已发展成为中国集成电路产业链最完善、产业集中度最高、综合技术能力最强的区域，2017 年产业销售规模占全国半壁江山。京津冀在新一轮关键产业竞争中，不进则退、慢进亦退。

（二）医药健康产业已形成一定区域分工，但关键环节需加快补链强链

2018 年，北京市生物医药产业营收中，先进医疗设备及器械制造、监护及治疗设备制造、生物制品制造、智能化中药与民族药制造四大细分行业合计占比超过 94%。其中，医疗诊断、监护及治疗设备已与天津形成一定分工，上游研发和科技推广应用服务以北京为主，天津则主要提供生产医疗器械的专用设备。生物药品制造与津冀联系较少，上游研发服务大部分集中在北京。中成药生产除上游原料药几乎全由河北批发外，其他主要在北京本地配套完成。在补链、强链方面，基因工程药物和疫苗制造细分行业因缺少企业，或企业成立时间尚短，暂无行业营收数据，需要加快补链强链。

（三）智能装备产业营收高度集中，核心元器件、机器人细分行业需加快补链强链

2018 年，北京市智能装备产业营收中，工程机械、高端金属制品两大细分行业合计占比超过 80%，其他细分行业营业收入占比则相对较低。在产业链分工中，工程机械至少有 2/3 产业链布局在京津冀区域外，核心元器件下游产业链大部分布局在区域外，液压动力机械元件制造、气压动力机械及元件制造等核心元器件，工业机器人制造、特殊作业机器人制造、服务消费机器人制造等机器人细分行业因缺少企业，或企业成立时间尚短，暂无行业营收数据，需要进一步补链、强链。

---

① 半导体是一种电子材料，包括集成电路、敏感器件、光电子器件与分立元件，其中，集成电路占比超过 80%，因此习惯性将半导体产业称为集成电路产业。芯片是集成电路的载体。半导体产业主要分为上中下游三个环节，其中上游为 IC 设计、中游为晶圆制造及加工、下游为封测。

② 从半导体产业发展历程看，前两次行业转移发生在 20 世纪 80 年代和 20 世纪 90 年代末，分别从美国本土到日本和美日向韩国、中国台湾的转移。

第三节　首都圈产业协同优化路径与对策

总体来看，首都圈区域产业协同仍然面临微观企业主体活力不够、北京与周边津冀地区资本要素联系亟待增强、产业链上下游津冀配套联动不足等突出问题。为此，建议从规划统筹、分工同链、科技同兴、金融同行、政策同享五大路径入手，更好地促进首都圈乃至京津冀区域的产业协同发展。

一、规划统筹，谋划产业协同之纲

在全球产业链供应链重构、区域竞争日趋激烈的新形势下，以规划为引领，加强系统谋划统筹，形成指导纲领，是促进首都圈产业协同的首要任务。

一是在战略层面，要着眼于2035年的长远发展目标和首都圈乃至京津冀区域的协同发展，以构建安全自主可控产业链为目标，在既有区域产业联系基础上，对于集成电路、新一代信息技术、医药健康、智能装备等重点产业的关键环节尽快制定补链、强链措施，对关键性的薄弱性环节，要在区域内采取备链计划、柔性转产、多源供应等措施，确保供应稳定、自主可控。要从保障首都安全运行、畅通区域循环流通的角度，统筹规划区域应急物资的生产、流通、收储、调拨和紧急配送等各环节能力建设。重视制造业的优化发展，为信息服务类企业提供更多落地场景，避免信息传输、软件和信息技术服务业的进一步下滑萎缩。

二是加强新一代基础设施共建共享，夯实产业发展基础。新基建既是产业实现转型升级、实现高质量发展的基础，也是吸引企业落户、提升区域企业发展活力的重要因素。鉴于新基建投资额度大、周期长等特性，同时北京与周边地区存在明显"数字鸿沟"的客观差距，建议在区域内探索试点数字园区共建模式，在有限空间范围内率先形成"泛在连接、协同高效、全域感知、智能融合、安全可信"的产业基础设施体系，以点带面推动传统基础设施数字化、智能化升级。

三是充分发挥主导产业引擎作用，聚焦新一代信息技术、集成电路、医药健康、智能装备等重点领域，加快上下游零配件和中试平台、关键工艺平台等产业链环节在首都圈、京津冀更大范围进行合理布局、环节配套和资源配置。把握新一代信息技术与医药健康深度融合发展趋势，夯实医疗信息化新基础设施，加快互联网医疗引领的行业组织变革，占领生物技术与制药、新型医疗器械前沿技术制高点，以疫情防控和疫苗研发为突破，加快推动构建智能健康体系，在生物工程、生命科学、脑科学等前沿领域开展前瞻性布局，培育未来产业。

四是加强空间统筹规划，打造梯度合理、联动密切的产业空间格局。在空间统筹布局上，要充分发挥好北京的辐射带动作用、雄安新区的重要一翼作用，依托"三城一区"等重要区域加快高效快捷交通建设，打造一批空间上高度集聚，上下游紧密协同、供应链集约高效、规模达几千亿到上万亿的产业链集群。鉴于目前科技服务类环节主要由北京本地配套的产业发展基础、北京与周边津冀区域客观上存在的产业发展差距，直接转移高端产业、转化技术资源难度大，要着力深化"飞地经济"发展模式，加强快速交通连接的紧密性，破解当前发展的制约性因素，才能逐步变革区域产业发展生态、实现创新一体化产业协同化。

二、分工同链，夯实产业协同之本

产业协同除政府规划等外在力量引导外，根本在于发挥好各市场主体的作用，在企业内、企业间、产业内、产业间通过产业链和价值链实现分工深化、资源配置优化。当前，低成本不再是产业国际竞争力的关键优势和有力护城河。经过300余年的发展，全球工业进入4.0发展阶段，供应链事实上已成为一条以产品为载体，链接设计、计划、采购、制造、物流、交付、销售以至售后的全流程产业链。在互联网革命的冲击下，过去"传统生产商—批发商—零售商"的百年销售体系被颠覆，企业面临更大量的碎片化、个性化、交付周期更短的订单需求，而疫情更是激化了这一挑战。引入新一代信息技术，推动供应链智能化发展成为有效应对挑战、强化产业生态黏性、提升供应链国际竞争力的关键所在。

一是进一步推动落实企业"上云用数赋智"，推动供应链智能化改造。支持产业链龙头企业、行业骨干企业、专精特新中小微企业引入人工智能、5G、物联网、大数据、云计算等智能科技，加快对供应链的智能化改造，打造可自主优化的闭环人工智能系统，以提高柔性化生产能力，快速高效应对高频大量、碎片化、个性化订单需求，实现智能制造。

二是推动智能化产业生态圈构建。针对大中型企业逆势增长的良好形势，发挥好龙头带动和示范推动作用，将智能技术应用引入扩大至供应链生态系统内其他企业，实现上下游数据通过统一接口平台集中实时共享，共建智能化生态圈，一则能以高度信任、利益共享破解当前数据要素开放共享难题；二则有利于上下游对接信息、智能化调整供应，实现成本节约、高效生产；三则能够化企业的"单打独斗"为共享信息与价值的"企业联盟"，有力增强了企业黏性和总体竞争力，为打造区域、全国甚至全球生产线的"指挥塔"、数字产业集群"大脑"奠定良好基础。

三是支持在京龙头企业构建基于产业互联网的新型数字供应链网络，搭建面向行业的长链平台、中链平台和短链平台，协同整合全链条资源，打造特色行业的用户中心、订单中心和渠道中心，推动生产与金融、物流、交易市场等渠道打通，促进全渠道、全链路供需精准对接，形成生态配套、场景互通、区域分工、融合发展的新型产业链应用生态。

三、科技同兴，筑牢产业协同之基

科技创新是培育新动能、促进产业协同发展的持久动力。当前创新类环节主要由北京本地配套，在一定程度上制约了区域整体竞争力。

一是要打破行政藩篱，建立市场调节与政府引导相结合的跨界协调机制，重组区域创新资源，完善政产学研用一体化协同创新体系。完善科技创新成果转化应用机制，健全科技创新成果转化和交易服务共享平台，构建信息共享、标准统一的技术交易服务体系，促进创新链与产业链有效衔接，提高创新成果转化应用能力。

二是完善创新激励机制。创造良好创新环境，注重发挥京津冀区域行业领军型企业创新作用，进一步激发广大中小型企业科技创新动力，发挥众创空间示范引领作用，形成大中小企业协同创新格局。同时，积极探索区域科技创新资源共享机制，以开放共享促进区域创新氛围提升和科技同兴。

三是探索人才培养新模式。人才是实现产业创新的根本所在。在人才培养方面，可借鉴深圳松山湖机器人产业基地模式，以创新产业促进创新教育、以创新教育推动创新产业，依托雄安新区、"三城一区"等重要创新地、数字园区等重要区域性共建项目，鼓励支持总部企业、大型企业参与，探索建设一批培养智能制造、大数据、新材料制造等新兴应用型人才的培训基地，深入推动产学研一体化发展，为区域产业链、创新链协同升级提供良好技术人才支持。

四、金融同行，活跃产业协同之血

资本是流淌在产业运行中的"血液"，资本融通是实现产业协同发展的重要支撑。当前首都圈区域北京投资占比超过一半，与长三角、珠三角的资本联系开始收缩。为更好支撑区域产业协同发展，北京要进一步深化资本市场改革，提升面向区域的金融服务水平。

一是深化北京资本市场改革。北京金融业以银行业务为主，证券、保险市场发育相对不足。北京与全国发达区域的核心城市资本联系密切，具备全国资本要素配置节点和枢纽的发展基础。在全国城市、区域竞争加剧的格局下，北京要加快资本市场改革，为行业创新提供创富出路，引导资本、资源、人才进一步集中，为产业发展提供丰富的要素支撑。

二是优化资本的投向区域与领域。继续支持雄安新区发展，以数字园区共建、关键环节补链强链为载体，加大对津冀地区优势项目的投资力度。继续支持科技创新、科技服务类领域的投资，瞄准智能制造领域，加强对制造业领域的投资，避免制造业投资进一步下滑。

三是通过设立产业发展引导基金、发行企业债券等投融资模式多渠道筹措资金，解决企业融资难、融资贵问题，特别是要注重发挥好创新性投融资工具的杠杆引导作用，以有效满足京津冀区域产业转移、转型升级、重大项目及基础设施建设对资金的需求。

四是推动京津冀区域内抵押质押、支付结算、融资信贷、信用担保等业务同城化，降低跨行政区金融交易成本，提升金融对产业协同发展的支撑能力。加强对区域金融市场的事中事后监管和信用体系建设，防范资金运作过程中可能产生的金融风险。

五、政策同享，保障产业协同之要

跨行政区域的产业发展面临区域政策的协调、利益分享等深层次问题。破解这些问题，对于营造一体化营商环境，促进产业协同发展至关重要。

一是针对产业发展痛点，加强区域产业政策创新。如在医药健康领域，生物医药研产分离、新药上市许可和生产许可分离等是加速产业化的重要路径。可借鉴张江"药品上市许可持有人（MAH）制度"经验，深入推进京津冀药品上市许可持有人制度试点，突破原先生产许可与上市许可捆绑的新药审批制度。

二是创新区域性财税、投融资、公共服务、政府绩效考核等体制机制，健全产业转移对接企业税收分享及利益协调长效机制，在市场准入、知识产权保护等方面提供支撑保障，推动要素有序流动和优化配置。

三是进一步深化"放改服"改革，推动区域统一市场形成。消除条块分割和市场壁垒，规范统一各类市场准入、退出和运作机制，激发市场活力。逐步推进土地、资金、人才、技术、数据等各类要素市场的一体化，促进各类资源要素在区域市场上自由流动、有效配置。

执笔人：常艳　王术华　李金亚　吴伯男　张悦

参考文献

［1］陈婷，郑宝华．产业协同研究综述［J］．商业经济，2017（3）：49 – 53．

［2］陈秀山，张可云．区域经济理论［M］．北京：商务印书馆，2003．

［3］国务院发展研究中心课题组．未来全球产业分工格局变化分析［EB/OL］．2019 – 06 – 29［2021 – 01 – 05］．https：//m. sohu. com/a/323763600_256721．

［4］胡大立．产业关联、产业协同与集群竞争优势的关联机理［J］．管理学报，2006，3（6）：709 – 713．

［5］胡锦绣，钟书华．国内"新一代信息技术产业发展评价"研究综述［J］．科学管理研究，2019，37（4）：57 – 62．

［6］孙久文．区域经济规划［M］．北京：商务印书馆，2004．

［7］孙彦明．京津冀产业协同发展的路径及对策［J］．宏观经济管理，2017（9）：64 – 69．

［8］唐少卿，姜鹏飞，李剑玲．京津冀地区产业协同机制研究［J］．区域经济评论，2017（1）：81 – 88．

［9］岳昊，郑雅楠，马国真．京津冀产业协同发展成效、问题及政策建议——基于产业用电量的视角［J］．中国能源，2020，42（6）：32 – 36．

［10］张可云．区域经济政策［M］．北京：商务印书馆，2005．

［11］张明之．区域产业协同的类型与运行方式——以长三角经济区产业协同为例［J］．河南社会科学，2017，25（4）：79 – 85

［12］张亚鹏．京津冀产业协同发展反思：一个整体框架设计［J］．区域经济评论，2018（2）：75 – 80．

第三篇
深化改革开放，凝聚发展动力

第十章　深化要素市场化改革，
推动首都高质量发展

　　自主有序流动的生产要素是市场经济实现资源优化配置的基本前提，也是保持一个经济体充满活力和创造力的重要保障。《中共中央　国务院关于构建更加完善的要素市场化配置体制机制的意见》（以下简称《意见》）的出台，是新时代完善市场经济体制改革的行动纲领，是持续深化供给侧结构性改革和推动经济高质量发展的关键举措，尤其是对于加快形成以国内大循环为主体、国内国际双循环相互促进的新发展格局具有重要的意义。首都北京汇聚了各类优质资源和要素，但这些资源优势并未充分内化为经济社会发展的优势。北京应深化实施《意见》，加快推进要素市场化改革的步伐，引导各类要素协同向先进生产力集聚，奠定好开启社会主义现代化建设新征程的体制基础。

　　要让市场机制在要素配置中发挥决定性作用，关键是处理好政府与市场的关系。既要减少政府对要素的直接配置，畅通要素流动渠道，又要完善政府调节与监管，培育市场交易平台，健全生产要素由市场评价贡献、按贡献决定报酬的机制，引导各类要素协同向先进生产力集聚。"十四五"期间，北京应抓住五类要素市场的特点，分类、分时序推进改革。继续深化土地、劳动力、资本这类传统要素市场化改革，消除资源配置扭曲，提高资源配置效率；加速技术和数据这类新型要素市场发展，解决要素产权不清晰、缺乏市场交易平台、市场交易机制不健全等问题，适应新一轮科技革命和产业变革的新趋势。同时，注重各要素之间的相互融合和系统有机集成，进一步提高要素配置的整体效率。

第一节 降成本，促流转，高效盘活产业用地

产业用地是落实高质量发展要求，优化高精尖经济结构的基础载体。在北京减量发展要求下，降低产业用地成本，盘活存量土地资源，推动新产业、新业态发展，以土地利用方式转变推动经济发展方式转变尤为迫切和重要。

一、产业用地减量趋势明显，土地集约化利用势在必行

按照《北京城市总体规划（2016年—2035年）》提出的2020年城乡用地总量3720平方千米，其中产业用地占25%估算，当前全市产业用地总量大致为930平方千米。大部分产业用地以划拨和协议出让为主，2006～2019年，全市以招拍挂方式成交产业用地84.5平方千米，仅占全市产业用地总量的9%[1]。自"十三五"以来，在全市建设用地减量的背景下，产业用地缩减力度更加突出。从计划数看，2020年仅为2015年的54.7%，实际完成情况更少，2019年仅完成当年计划供地的35.5%（见表10-1）。

表10-1 2015～2020年全市产业用地供应计划及完成情况[2]

单位：公顷

年份	产业用地（计划数）	产业用地（完成数）
2015	750	324.0
2016	600	437.7
2017	340	386.6
2018	400	272.7
2019	490	173.9
2020	410	—

资料来源：北京市规划和自然资源委员会网站，http://ghzrzyw.beijing.gov.cn/。

---

[1] 产业用地总量按《北京城市总体规划（2016年—2035年）》提出的2020年城乡用地总量3720平方千米，产业用地占25%计算，产业用地招拍挂总量为招拍挂成交总量减住宅用地总量。

[2] 产业用地含工矿仓储、研发、商业和办公用地，完成数据土地招拍挂成交数据计算。

二、成本高、流转难是制约产业用地集约化的主要因素

随着首都经济社会发展，特别是新产业、新业态加速涌现，产业用地集约化程度不高，产业用地政策无法满足经济发展需要的问题日益凸显。

（一）用地成本高与地均产出低并存

土地使用成本高已经成为制约高精尖产业项目落地的重要因素。与上海相比，北京市工业用地成交均价总体较高。2019 年，北京工业用地成交均价为1388 元/平方米，是 2009 年工业用地全面实行招拍挂之初的近 2 倍[①]。与此同时，北京市土地利用方式较为粗放，土地产出效益有待提高。2017 年，北京市单位建设用地 GDP 为 7.8 亿元/平方千米，低于深圳（22.3 亿元/平方千米）和上海（11.14 亿元/平方千米）。

（二）土地闲置与企业用地现象难并存

由于规划调整、拆迁受阻、原企业经营不善以及腾退后用途未定等原因，北京市依然存在土地闲置现象。与上海、浙江、深圳等地已形成了较为完善的存量土地再开发政策体系和激励机制相比，北京市存量用地底数不清，相关政策体系不够完善，盘活用地经常"一事一议"，土地盘活利用效率较低。与此同时，部分企业仍然面临用地难问题，例如经营性养老用地全部实行招拍挂后，价格动辄几十亿元人民币，企业难以承受。

（三）产业用地政策难以满足多样化用地需求

与长三角、珠三角地区的主要城市相比，北京市产业用地政策创新性和灵活性不足。深圳新型产业用地容积率可以达到 6.0，广州和杭州只设下限，而北京市仍然沿用一般工业用地标准。广州对于利用工业用地发展新产业新业态的，都给予 5 年过渡期，而北京市仅对老旧厂房转型文化空间实行 5 年过渡期政策[②]。与深圳、广州相比，北京市国有企业存量用地增值收益分配机制不完善，原土地权利人参与二次开发的积极性不高。

（四）土地二级市场发育程度较低

早在 2008～2010 年，浙江省转让土地面积就已占到同期全省供应土地总面

<hr />

① 资料来源：中指研究院。

② 5 年过渡期政策，是指对保护利用老旧厂房发展文化创意产业项目，在不改变原有土地性质、不变更原有产权关系、不涉及重新开发建设的前提下，经认定批准，可在 5 年内继续按原用途和原土地权利类型使用土地，暂不对划拨地的经营行为征收土地收益。

积的 25.6%。香港土地二级市场转让宗地数量占同期土地供应总数的 99% 以上。北京市近年来土地转让规模持续下降，2017 年国有土地转让面积仅 21.6 公顷，占国有建设用地供应总量不到 1%。从土地二级市场改革试点情况看，与宁波市相比，房山区土地二级市场在交易规模和政策创新上都存在差距。

三、以降成本、促流转为核心，创新产业用地模式

推进土地要素市场化配置的关键，就是要让土地回归生产要素的本质特征。在首都减量发展的大背景下，优先满足保障"四个中心"、促进经济高质量发展等符合首都功能的用地需求。

（一）摸清土地"家底"，建设规范活跃的土地二级市场

按土地不同用途分别盘点以划拨、出让和以作价出资入股等方式取得的建设用地闲置用地情况，制定土地市场化交易清单，该收回的依法收回，能交易的交易。按照市区共建模式，搭建区级土地二级市场"线上＋线下"交易平台，建设全市土地二级市场信息汇集与监测监管系统，促进数据共享。完善建设用地转让、出租、抵押机制。划拨建设用地使用权可以整宗或部分方式出租，参照江西试点做法，根据地上有无建筑物，分别按租金的 15% 或 30% 缴纳土地收益。公司、企业、其他经济组织和个人的划拨建设用地使用权可以连同其地上建筑物"连地带房"一并抵押。探索允许营利性教育、医疗、养老等领域企业有偿取得的建设用地使用权抵押。

（二）推动产业用地"租购并举"

尽快明确长期租赁和先租后让产业用地的年租金计算标准、计征方式、租金调整期限和依据、后续监管方式等。鼓励企业和金融机构探索以长期租赁权益融资的新模式。针对产业用地长期租赁资金需求大、回报周期长的特点，支持民间资本和专业运营企业参与产业用地开发。结合北京市服务业主导的产业结构和服务性消费市场需求，积极探索弹性出让和长期租赁政策从工业、研发用地向营利性养老、教育、医疗产业拓展。

（三）增强产业用地管控政策灵活性

针对产业发展需求赋予土地更加灵活的用途。借鉴新加坡"白色地段"概念，采取负面清单方式，由市场选择土地用途。以混合产业用地出让和存量工业用地改造升级为突破，适当提高高精尖产业用地容积率上限，推动土地集约利用。针对需求地域性强的特点，将新型产业用地的决策权限下放，进一步增强政

策的灵活性。

（四）推广土地全生命周期管理，优化高端产业功能区用地标准

新供产业用地在出让合同中明确评价要素和评价方法，对产业项目在用地期限内的使用状况进行全过程的动态评估和监管。高端产业功能区要严格准入标准，明确产业类型、投资强度、产业效率（含地均产出）、创新能力、节能环保等要求，完善投入产出评价体系。强化中关村、金融街、商务中心区（CBD）、奥林匹克中心区内涵式发展，有序实施功能疏解，合理控制空间规模。加快推动北京经济技术开发区、临空经济区产业承载能力建设和产业转型升级，支持产业园区通过加建、改建、扩建等手段提高容积率，引导高端要素资源集聚。

（五）鼓励盘活国有存量土地，完善资金税收配套政策

鼓励国有土地使用权人通过自主改造、转让、合作开发等方式盘活利用闲置产业用地。对自有低效使用的空间进行升级改造的按相关规定给予税收减免。利用闲置土地兴办先进制造业、创业创新平台等高精尖产业项目的，探索执行 5 年过渡期政策，并可给予适当资金补助。参考广州、深圳等地做法，建立国有企业存量用地再开发利益共享机制。在北京经济技术开发区试点基础上，逐步在全市范围推行容积率奖励政策。鼓励运用 PPP 模式引导社会资本参与国有企业存量用地盘活。

（六）探索土地指标跨区域转移补偿机制

探索建立疏解地和承接地土地指标联动机制，在保持建设用地总规模不增加的基础上，将疏解企业和机构腾退出来的土地指标，按照一定比例由疏解区转移到承接区，承接地通过人口承接、产值分计等措施对转出地予以补偿。探索以"飞地"模式打造产业联动集聚区，推进土地指标有效利用与收益合理分享。

第二节　深化人才第一要素市场化配置改革，建设一流人才高地

习近平总书记指出"发展是第一要务、人才是第一资源、创新是第一动力"。在当今加速技术进步、促进产业升级的背景下，劳动力质量更加凸显，北京的人才规模大、增速快、门类全、层次高，加快推动人口红利向人才红利转

变，建设一流的人才高地，将更好地服务北京"四个中心"功能、推动首都高质量发展。

一、北京劳动力流动的总体特征

一是劳动力资源约为 1560 万人，实际从业人员为 1237.8 万人。2018 年，北京市常住人口中适龄（15 ~ 59 岁年龄段）劳动人口为 1562.8 万人[①]。从全市三次产业从业人员看，2018 年末全市三次产业从业人员为 1237.8 万人，其中，第一产业为 45.4 万人，第二产业为 182.2 万人，第三产业为 1010.2 万人。

二是劳动力流入量经历从增到降的过程。常住外来人口是北京劳动力的重要来源，从其数量变化可以判断劳动力变化趋势。按五年一阶段划分，2005 ~ 2009 年，常住外来人口增加 256.9 万人；2010 ~ 2014 年，常住外来人口增加 114 万人；2015 ~ 2019 年，常住外来人口减少 77 万人。从劳动力的来源地看，华北地区是北京市常住外来人口的来源集中地，占比约为 30.5%。

三是劳动力就业分布呈现"主中心—次中心"格局。北京规模以上就业密集区（密度＞3 万人/平方千米）由 2004 年的 5 个增加到 2018 年的 11 个，劳动力就业分布呈现"主中心内部分化—次中心外围分散"的空间格局，中心城区的中关村、金融街、CBD 等主就业密集区由点向面扩展，四环、五环范围的上地、望京、亦庄等次就业密集区加速形成。

四是劳动力中的人才规模大、增速快、门类全、层次高。北京市人才工作局数据显示，2018 年北京人才资源总量为 735.4 万人，占全市劳动力资源的 47.1%，比全国平均水平高出 30 个百分点。比较研究显示，北京人才资源总量超过纽约、伦敦和东京等世界城市。北京人才对经济增长的贡献率达到 54.2%。理、工、农、医、师、经、管、法、哲、艺等学科齐全，初级、中级、高级职称结构优化。全市拥有中国科学院、中国工程院院士 767 名，占全国的 47%；入选国家"千人计划"和"万人计划"专家分别占全国的 1/4 和 1/3。

二、北京劳动力流动亟须在"人尽其才"上破题

（一）人才吸引力上优势趋弱

人才已成为核心战略资源，发达城市或地区将争夺人才作为保持领先优势的

---

① 资料来自：《北京统计年鉴》（2019）。

重要手段。一是北京吸引国际人才的优势不足。对于选择性强、就业面广、享有海内外移民机会的高层次人才，引才留才更加困难。硅谷等科创中心外籍人才比例将近40%，而中关村外籍人才加上海归人才仅占1.5%[①]。二是北京面临人才流出压力。新一线城市、强二线城市比较优势提升，就业吸引力提高。

（二）供需平台上市场服务能力弱

从人力资源行业发展看，一是小规模的人力资源服务企业较多，员工规模多在几十人以内，难以形成规模效应和品牌示范；二是人力资源服务较多仍为初级服务阶段，以人员招聘、劳务派遣和人力资源外包服务为主营业务，本地有影响力的、具备专业性的大型人力资源服务企业极少；三是为企事业单位提供精准型、定制化匹配服务的成本较高；四是互联网招聘网站和发布平台良莠不齐，缺少有效的行业监管，求职者利益保护机制不健全。

（三）人才政策上作用发挥不明显

一是在人才使用上不够开放，体制内人才囿于身份管理难以施展人才的复合型、应用型特点，智力资源溢出效应发挥不足，人才的市场化激励政策不够完备。二是在人才管理上难以适应新环境，继续沿用传统的管理模式，社会投资建设的医疗机构依旧套用编制化管理运营。

（四）应用型技能人才培养与供给上和需求脱节

对具有专业知识的劳动技能人才招聘困难。北京市属职业院校的专业培养无法满足企业发展需求，人才储备不足。北京市属职业院校由于受政策、生源等因素制约，年均招生人数仅为千人左右，资源优势溢出不足。由于招生数量不足，北京劳动技能人才数量有限，满足不了高精尖产业结构的需求。

三、建设一流人才高地的对策建议

（一）打造对接供需、宜居宜业的引才环境

一是抓住疫情防控"窗口期"，加速海外高层次留学人才回流。海外高层次留学人才是在国外著名高校、科研院所、世界500强企业、政府间国际组织中担任重要职务、做出重大贡献的并为国内急需的特殊人才，是人才争夺战的焦点。要抓住疫情防控"窗口期"，依托在北美、欧洲等国家和地区的驻外使领馆、留

---

① 冯秀英，岳品瑜. 北京外籍人才引入新政将在中关村试点［N］. 北京商报，2016－10－06（008）.

学生组织以及海外华人团体，开展到京就业意愿调查。梳理在经济学类、工学类、医学类、管理学类等知识学科及数字经济、智能芯片、人机交互等技术领域的人才需求清单。

二是强化平台型社区建设。全市已在朝阳望京、中关村科学城、未来科学城、石景山首钢等地区加快建设国际人才社区①。"平台 + 社区"模式是国际人才社区发展的着力点，与周边知名的高等院校建立科技创新平台，引进高精尖项目，使国际人才社区成为产学研住"一站式"空间平台。为国际人才提供本地化生活，对国际人才子女在京学籍实行动态管理，可以取得相应的学历证书。引进国际医疗机构，为国际人才提供健康管理服务。

（二）创新人才培养新方式

一是建立产教融合的劳动技能人才培养模式。产教融合、校企合作的劳动技能人才培养是学校与企业进行紧密地教学合作，共同培养具有较强职业能力、能服务生产运营一线的现代技能人才。要以全市产业发展和企业用人需求为导向，调整优化职业院校专业设置，有的放矢地培养适应产业和企业需求的劳动技能人才。同时，企业应为职业院校建立校外实习基地、提供教师进修机会、选派指导教师指导教学、提供教学实训设备等，促进职业院校掌握最新技术标准，提高人才培养质量。产教融合、校企合作是互利共赢的利益共同体，学校是企业的"蓄水池"，企业是学校的"传送带"。

二是改革职业院校人才培养体系。本市职业院校的效能发挥不充分，多数职业院校每年招生量仅为百人左右，严重浪费存量资源。以北京市各类职业院校为载体探索学历证书和职业技能等级证书互通衔接机制，建立评价标准，对取得重大"标志性业绩成果"或者得到专家推荐的劳动技能人才视为同等学力认可，打破学历、论文、课题等条框限制，可直接申报评审高级职称。探索建立企业聘任校内技师制度，试行年薪制、股权制。

（三）试点人才使用新模式

一是尝试"项目 + 平台 + 人才"合作制。"项目 + 平台 + 人才"合作制是实现用人机制从"定人定编"向"统筹使用"的转变，畅通人才在不同体制间的流转，有效盘活人才资源。以经济社会发展需求为导向，尝试建立"项目 + 平台 + 人才"合作制，精准解决企事业单位面临的实际问题，特别是以科技攻关、

---

① 沙雪良．北京正建设 8 个国际人才社区，4 千外籍人才获永久居留权［N］．新京报，2019－09－12．

国际化商务等现实问题为项目，建立市场化配置的人力资源平台，凝聚高校、科研机构等的力量，精准对接人才供需。探索科研人员双聘制，其人事关系等保留在原单位，项目期间实行合同管理和项目工资制，其科研成果使用与收益由项目单位和平台内科研人员共享。

二是探索专业技术人员多点执业。出台专业技术人员多点执业试行管理办法，借鉴医师多点执业方式，优先选择工程管理、社会科学、审计等行业开展试点，打破"单位人"界限，实现"社会人"合作。设定经所在单位同意，在第一执业地点能完成工作任务、不得担任行政职务，所从事的执业类别和执业范围应当与在第一执业地点从事的执业类别和执业范围一致等明确规定，可兼职并按规定获得报酬。

第三节　深化资本要素市场化改革推进世界级金融城市建设

立足首都得天独厚的资源优势，北京金融业已成为首都经济的第一大产业。资本要素市场化改革，有利于完善多层次资本市场建设，引导社会资金更多投向实体经济，防范化解金融风险，有效增加金融供给，提升北京金融业的国际影响力和竞争力，加快推进世界级金融城市建设。

一、改革开放推动北京金融业快速稳健发展

党的十一届三中全会后，中国金融业按照"先改革、后开放""先货币市场、后资本市场"的思路有序稳步推进改革。自党的十八大以来，在金融风险管控、金融业对外开放、资本市场完善等方面取得了重大成就，加速了北京金融业健康快速发展。

（一）金融改革稳步推进

银证保等行业机构改革稳步推进，各类金融机构体系逐步建立健全，走上专业化、规范化的发展道路。多层次资本市场建立完善，上海、深圳交易所于1990年开设，目前形成了以沪深主板为主的多层次资本市场。科创板、创业板股票注册制发行推出，相关改革稳步推进。黄金、期货市场逐步建立。

（二）金融开放逐步加速

有管理的浮动汇率制度逐步形成，人民币互换取得进展，2016年10月，人民币正式纳入特别提款权（SDR）货币篮子。金融业对外开放取得长足进展，2020年4月1日，全面取消保险、证券、基金、期货行业的外资股比限制，取消对外资金融服务的经营范围限制。金融市场双向开放稳步推进，跨境资金交易结算更加便利。

（三）金融管理体系日趋完善

国务院金融发展稳定委员会从国家层面加强金融领域的监管协调，"一行两会"分业监管格局形成。北京金融总部聚集，既有利于监管部门加强就地监管，又能通过总部落实国家政策，加强对分支机构的业务指导和监管。

（四）北京金融业快速发展

2018年，北京金融机构法人单位资产总额达到148.63万亿元，占到全国的46.18%。2019年，北京市金融业增加值6544.8亿元，是1994年的72.7倍，年均名义增速比同期GDP增速高4个百分点，占GDP比重达18.5%，比1994年提高近10个百分点。截至2020年底，北京地区境内上市公司数量381家，占全国比重达9.2%，比2000年增加327家。

（五）北京跻身全球有影响力的金融城市

国际金融组织聚集，亚投行、丝路基金在京落地，国际货币基金组织、世界银行等在北京设立代表处或分支机构。全球金融中心指数排名不断攀升，2020年3月发布的全球金融中心指数（GFCI 27）①中，北京排名第七，比2010年前移9名。金融街论坛、全球PE论坛等国际化程度不断提升。

二、金融业发展面临的问题

一是北京金融发展面临系列风险挑战。疫情引发全球量化宽松，输入型金融风险再升级。国内宏观杠杆率阶段性再攀升。2019年，北京市金融业占GDP比重达到18.5%，高于其他国际金融中心城市，占比过高。辖内银行机构不良贷款上升过快，侵蚀银行业资本金和风险抵御能力。二是多层次资本市场发展不充分。当前，我国是以银行为主导的金融体系，多层次资本市场发展不充分。

---

① 由英国智库Z/Yen集团和中国（深圳）综合开发研究院共同编制的"全球金融中心指数"（Global Financial Centers Index，GFCI）是全球最具权威的衡量国际金融中心地位的指数。2007年3月，该指数开始对全球范围的金融中心进行评价。

2016～2018 年，美、英直接融资占比均值高达 78% 和 60%，我国同期只有 35%。三是中小企业融资难、融资贵问题突出。四是北京金融的国际影响力和竞争力有待提高。北京缺乏具有影响力的全国性金融交易市场，金融开放水平有待进一步提高，国际高端金融人才明显不足，特许金融分析师（CFA）三级持证人员仅为全球的 1%。

三、深化资本要素市场化改革，推进世界级金融城市建设

北京将按照资本要素市场化配置的要求，以市场化为目标，强化金融风险防范和化解，促进直接融资发展，切实提高金融供给质量和效率，加快金融双向开放，提高金融国际影响力，加快推进世界级金融城市建设。

（一）优化金融布局，促进金融要素落地

北京要统筹协调金融发展布局，增强金融产业承载力，强化金融产业集群效应。金融街聚焦国家金融管理中心功能，重点吸引国际金融组织或金融机构落户，进一步提升首都金融国际影响力。CBD 要紧抓会计师事务所、律师事务所、资产评估机构等国际中介服务机构入驻。丽泽金融商务区重点发展新兴金融。副中心运河商务区谋划发展绿色金融，建设全球财富管理中心。中关村西区完善国家科技金融功能区建设，促进科技要素和金融要素融合。大兴机场片区重点发展离岸金融，支持石景山北京银行保险产业园和房山基金小镇建设，适度增加城南地区金融要素供给。

（二）推进企业直接融资，促进首都功能提升

按照"四个中心"的战略定位，以注册制发行改革为契机，支持区域内科创、文创类企业上市融资，促进科技创新中心和文化中心建设，优化提升首都功能。研究公司信用类债券发行要求，争取扩大设在企业债券发行规模，支持重点国有企业和战略性新兴产业企业通过债券融资。

（三）构建多层次资本市场，服务实体经济发展

加强多层次银行体系建设，推动辖内有实力的民营企业联合发起设立区域性民营银行，筹划设立专业性的文创银行、绿色银行，有效增加普惠金融供给。支持企业年金发展，扩大企业年金覆盖面，加强再保险发展。全面配合落实新三板深化改革，提高市场交易活跃度。探索设立北京证券交易所。

（四）有序推进金融双向开放，更好服务国家战略

以"两区"建设为契机，持续优化金融营商环境，加快推进资本便利化改

革，稳步推进金融业对内对外开放。在CBD、奥运中心为新设或新落地的国际金融组织、机构预留空间，积极吸引国际金融机构落户。支持辖内各类金融机构为"一带一路"相关企业、项目提供金融服务，在做好国别风险识别和防范的基础上，稳步开拓海外市场。加强京津冀金融协同，支持三地金融机构在区域内联合开展业务创新，吸引社会资本参与区域重大项目合作。

（五）支持金融科技发展，加快建设"全球金融科技中心"

支持金融街和中关村西区金融科技示范区建设，促进首都金融新业态发展，加快建设"全球金融科技中心"。充分发挥首都科创资源优势，支持金融科技底层技术研发及场景应用。支持支付清算、登记托管、资产交易等领域的金融科技试点和项目落地。推动建设金融大数据服务平台，规范发展金融数据交易。积极对接央行，配合央行数字货币研究所加快推进数字货币的技术支撑及相关政策研究。

（六）积极审慎防范化解金融风险，守住金融安全底线

高度关注输入性金融风险，强化财政政策、货币政策的逆周期调节作用。加强金融工具储备，丰富创新货币政策，保障市场流动性合理充裕，注重通过更加积极的财政政策稳定宏观经济。积极稳妥去杠杆，按照"房住不炒"的要求，稳定区域房地产调控政策，避免泡沫扩大。加强对辖内银行等金融机构表外业务的规范，强化对"资金池"的监管，有效降低流动性风险。研究结构性去杠杆的举措，有序打破刚性兑付，避免"一刀切"。建立完善金融科技技术标准、行业规范和监管框架，充分运用大数据、金融云、区块链等手段，建立完善覆盖各类金融科技业态的风险监测预警系统。

（七）优化金融发展环境，加强金融中高级人才队伍建设

支持金融机构与高校、科研院所、领军型科技企业开展合作，支持建立企业博士后科研工作站，在金融创新、数字货币、金融监管、风险投资、法律服务等方面联合培养专业人才。加快中央和地方的金融人才双向交流。组织本土金融人才境外培训，进一步提高业务水准。加强与欧美金融发达国家和香港地区金融人才开发合作，加快国际化高端金融人才特别是国际投资银行、保险方面人才的引进和培养，促进海外高端金融人才回流。

第四节 加快技术要素市场化配置
激活创新创造活力

推动技术要素市场化配置，建设价格市场决定、流动自主有序、配置高效公平的技术要素市场不仅是完善社会主义市场经济的客观要求，更是北京实现创新引领、提升核心竞争力的关键举措。

一、北京技术要素市场具有得天独厚的发展基础和潜力

（一）领先的交易规模和辐射力不断稳固全国技术交易枢纽的地位

市场交易规模持续扩大。近年来，技术合同成交额基本占据全国技术合同成交额的1/3，居全国首位。2019年北京技术合同成交额将近5700亿元，比上年增长14.9%。

辐射带动作用日益增强。北京技术输出合同中将近六成是输出到外省份，其中主要流向"长江经济带""粤港澳大湾区""津冀"，有力支撑了国家区域协同发展战略（见表10-2）。

表10-2 2019年北京流向外省份技术合同成交额　　　单位：亿元,%

技术流向地区	技术合同成交额	占北京流向外省份技术合同成交额比重
津冀	282.8	9.9
长江经济带	1035.6	36.1
粤港澳大湾区	474.9	16.6
其他	1073.6	37.4

资料来源：《2019北京技术市场统计年报》。

（二）全国首屈一指的科创资源是技术创新产出的巨大源泉

科技投入强度大，创新主体密度高。北京研发经费投入强度达6%，全国第一。各类高校和科研院所的数量居全国首位，全国"两院"院士近一半在北京。全市国家级高新技术企业超过2.5万家，每天平均新设立科技型企业约200家。

创新成果在全国乃至全球处于领先地位。英国《自然》杂志发布全球 500 个城市科研产出排名结果显示，北京连续两年位居全球第一。2019 年，全市每万人发明专利拥有量达 132 件，居全国首位，是全国平均水平的近 10 倍。全国领跑世界的技术成果中，北京占比超过一半。

（三）技术交易对经济高质量发展的支撑作用凸显科技和经济的融合态势

实现技术交易增加值逐年攀升，2019 年，北京地区实现技术交易增加值比上年增长 6.7%，占当年地区生产总值的比重已接近 10%。

技术要素不断向"高精尖"产业集聚，支撑北京经济结构转型升级。"高精尖"领域技术落地本市成交额占落地本市技术的比重已接近 60%，合同数量在落地技术合同中的比重已超过 70%。电子信息技术及高效节能领域技术合同成交额占高精尖落地技术的比例已突破 90%。

（四）不断释放的制度红利为技术市场发展提供良好环境

激发科研人员创新动力。聚焦科技领域"放管服"改革，通过发布实施《北京市促进科技成果转化条例》等在职务科技成果产权制度方面取得重要突破，科研项目经费使用自主权不断扩大。

技术转移机构及人才建设取得积极进展。全市已拥有中国科学院国家技术转移中心等 58 家科技部认定的国家技术转移示范机构，数量居全国首位。全市共有 12 所高校成立技术转移办公室并获授牌。

科技金融发展水平位居全国前列。国家科技金融创新中心建设不断推进，中关村活跃着 1 万多名投资人、900 多家创业投资机构，创业投资金额占全国三成，全国第一。率先开展小额贷款保证保险、专利保险、首台（套）重大技术装备试验和示范项目等保险试点。

二、受制于"四个不足"，北京技术市场的潜力尚未充分释放

（一）市场机制在创新资源配置中发挥作用不足

北京科技创新活动有明显政府主导特点，尚未形成"以企业为主体、以市场为导向"的格局，不管是 R&D 的人才、项目还是经费使用等，体制内的科研机构、高等学校、事业单位基本都占据大头（见表 10 - 3）。

（二）科研人员创新动力不足

由于北京的创新资源集中在体制内的大学和科研院所，科技成果是国有资产重要组成部分，造成科技成果"不敢转化""无权转化"或者转化了也难以实现

合理的收益分配。最重要的职务科技成果所有权问题短期内还难以突破。同时，以"论文""奖项"为指挥棒的人才考评机制在很大程度上抑制了科研人员的创新积极性。

表 10 – 3 北京市 2019 年 R&D 人员、项目与经费支出分布

	总计	企业及其占比	科研机构、高校、事业单位及其占比
R&D 经费内部支出（亿元）	2233.6	908.2（40.7%）	1325.4（59.3%）
R&D 人员数（人）	464178	195706（42.2%）	268472（57.8%）

资料来源：《北京统计年鉴》（2020）。

（三）技术转移服务能力不足

现有技术转移机构"规模小，服务少，能力弱"，缺少像德国史太白技术转移中心这种国际一流的技术转移服务机构。专业化技术转移服务人才也严重缺乏，列入国家技术转移示范机构的 58 家机构中取得技术经纪人资格的从业人员数量不足 6%。

（四）金融对技术创新的支撑不足

科创企业普遍存在融资难、融资慢、融资贵的问题，特别是初创企业难以获得贷款，尤其是首次贷款，即便获得贷款也是短期贷款偏多。资本市场对于众多中小科技企业来讲门槛过高，新三板市场与企业的直接融资需求相比还有明显差距。新型科技金融模式尚不完善。

三、以"四个增强"加速北京技术市场的发展

推进技术要素市场化配置的核心是让市场在创新要素配置中发挥决定性作用，对北京而言，需统筹用好市场和政府"两只手"，做到"四个增强"。

（一）增强技术创新原动力：深化职务科技成果产权制度改革

产权明晰是技术要素流动的前提与保障。落实《北京市促进科技成果转化条例》，保障科研人员或科研团队从科技成果产权中得到合理收益，促进技术要素参与价值创造与分配。推动中关村国家自主创新示范区率先开展职务科技成果所有权改革或者长期使用权试点。建设具有全球影响力的知识产权高地，打造知识产权法治城市。

（二）增强企业创新主体地位：健全技术要素流通的市场导向机制

让企业在技术创新决策、研发投入、组织实施、成果转化评价等各环节发挥主导作用。以企业为主体打造市场化运作的创新联合体。在"三城一区"布局

建设国家技术创新中心和制造业创新中心等平台，支持企业牵头会同高校、科研院所等共建产业技术创新战略联盟。聚焦人工智能、集成电路、生物医药等高精尖产业领域遴选一批重大科技攻关项目，支持有研究开发能力的高校、科研机构及其他以企业为主体的联合体揭榜攻关。开展项目经费"包干制"试点。可以先在市级基础性科研项目如北京市自然科学基金杰出青年科学基金项目中进行试点探索。完善科研人员分类评价制度，将科技成果转化纳入应用研究人员晋级晋职的主要评价指标。

（三）增强技术交易市场服务功能：培养一批国际一流的技术转移机构和专业人才

补齐技术转移服务短板，完善高效、专业的技术市场服务体系，促进创新链和产业链、服务链、人才链、资金链有效对接。重点是培养一批国际一流的技术转移机构和一批国际化、专业化的技术经理人。以中关村科技服务平台（技术转移服务类）为抓手，培育一批具有示范带动作用的技术转移机构，提供从成果梳理、成果评价、供需对接到知识产权服务、法律事务等全流程服务。培养推动技术经理人职称评聘和职业化发展，继续完善"中关村技术经理人标准"，培养挖掘一批优秀的技术经理人。

（四）增强技术要素与资本要素的联动：促进科技与金融深度融合

发挥北京金融业优势，持续推进中关村国家科技金融创新中心建设，设立中关村科创金融试验区，通过推进股债联动试点、促进创投行业发展、引导社会资金投入科创领域、健全科技保险体系等多种方式推动科技与资本深度融合发展，提高金融服务科技创新的能力。做强新三板，鼓励金融机构创新科技金融产品和服务，发挥北京市科技创新基金引导放大作用。探索科技成果资本化的新机制新模式，促进"硬科技"技术成果与资本、产业深度融合，继续推进知识产权证券化融资试点，完善知识产权运营服务体系。

第五节　培育壮大北京数据要素市场
建设全球数据枢纽城市

数据已经成为影响新一轮全球竞争的关键要素。面对国际国内激烈的竞争形势和改革的迫切需求，北京加快培育壮大数据要素市场，努力打造国内领先、全球一流的数据枢纽城市，是推动首都高质量发展的必由之路，是抢占全球数据要素制高点的关键抓手，是服务国家战略、在新一轮全球科技竞争中寻求突破的使命所在。

一、北京数据要素市场发展特征

（一）数据总量大，但流通性差

拥有全国规模最大、类型最多、层级最高的数据资源，但"数据割据"和"信息孤岛"现象并存，流动不畅是制约数据市场化的重要"瓶颈"。已有开放数据主要为基本业务型、常规统计型，高价值数据开放度不够、与社会需求衔接不足。数据交易成本高，灰色交易和侵权滥用等现象普遍，阻碍了企业数据资源化，形成了信息隔离的孤岛。

（二）要素市场起步早，但缺乏有影响力的交易平台

北京已有中关村数海大数据交易平台、北京大数据交易服务平台等，但交易规模有限、影响力偏弱。市场发现价格的机制不完善，交易事前环节尚未建立数据商品化和资产化体系，事中环节缺乏相对统一的交易撮合定价体系，事后环节缺乏相对统一的数据可信流通体系。市场汇聚流通区域性全国性数据不够，支持国内外数据跨境流动不够，对国家战略的支撑不足，枢纽作用不显著。

（三）数字底层技术全国领先，但面临"卡脖子"风险

北京建有北京超级云计算中心等国内领先、国际先进的数字化基础平台，拥有大数据分析与应用技术国家工程实验室等一批掌握关键核心技术的研发平台，数字底层技术在全国占据一定优势。但部分关键核心技术存在"卡脖子"风险，面临技术与生态双重壁垒，例如人工智能产业的基础算法、开源平台，信息技术产业的自主操作系统等。

（四）产业基础深厚，但数据资源红利释放不够

北京数字经济增加值超过 1 万亿元，数字经济 GDP 占比超过 50%，占比位居全国第一。但数据资源促进高质量发展的潜力尚未充分发挥。数据驱动创新发展的潜力有待挖掘，创新数据资源汇聚共享进展缓慢，许多高价值的科学数据尚未在国内得到充分共享和使用就流向国外。据统计，每年高达 1.1PB 的国际生物数据下载量中 55% 来自中国。

二、培育壮大北京数据要素市场建议

以"政府有为、市场有效、企业有利、个人有益"为原则，坚持央地协同、多元合作，打破数据隔离壁垒，盘活体制内外资源，打通供需通道，实现精准高效对接，努力打造与大国首都地位相匹配的数据要素市场。

（一）分类有序推动数据开放

一要加快推动市属公共数据开放。研究制定数据开放计划，根据全市经济社会发展阶段性需求，优先将防疫复工、交通出行、供应链金融、医疗健康、文化旅游等与民生紧密相关、社会迫切需要、行业增值潜力显著的公共数据纳入开放清单。

二要努力探索有效央地数据合作机制。立足国家产业链安全、创新链整合、供应链国际竞争力提升，积极对接中央各相关机构，通过国资参与、共同持股、牌照管理等多种方式，央地合作共建分领域分行业全国性数据中心，通过数据驱动资源、要素的精准投入和优化配置，推动一批补链、延链、强链项目，培育若干空间上高度集聚、上下游紧密协同、供应链集约高效、规模达万亿的产业链集群。

三要探索非公共数据多维度开放机制。依法依规建立社会化数据统一采集机制，通过产业政策引导、社会资本引入、应用模式创新、税收减免等方式，引导社会机构依法开放自有数据。推动政务数据与社会化数据平台化对接，形成大数据开发利用的智力众包机制。

（二）完善数据要素流通体系

一要建立完善数据市场准入机制。采用正面引导白名单、负面清单和第三方机构认证评级相结合的方式，规范、简化数据业务市场准入备案制度。负面清单制定要审慎考虑意识形态、生物基因、能源、粮食等涉及国家安全的因素。

二要培育一批数据驱动型企业。集聚一批引领数字经济发展、具备价值链整合能力的跨国数字平台公司，培育一批国际竞争力强、发展潜力大的独角兽创新企业，构筑平台优势和生态壁垒，实现数字内容和服务准入的安全可控，促进市场主体生长发育。

三要健全交易流通的市场化机制。明确数据登记、评估、定价、交易跟踪和安全审计机制，规范市场交易行为。

四要提升要素平台影响力。搭建数据溯源、授权存证和完整性检测平台，建

立数据资源质量评估和信用评级体系。引导搭建包括数据交易撮合、交易监管、资产定价、争议仲裁在内的全流程数据要素流通平台，促进供需有效对接，加速数据流通应用。

（三）营造良好数字产业生态

一要形成"泛在连接、协同高效、全域感知、智能融合、安全可信"的产业基础设施体系。

二要推动落实企业"上云用数赋智"，引导数据资源与产业创新要素深度融合，探索建立以数据链有效联动创新链、供应链、产业链的"四链协同"制度框架。

三要推动数据与实体经济、优势领域的深度融合，大力发展数字服务、数字内容、数字金融等产业，促进产业数字化、智能化升级。

四要适时探索"数据财政"模式。探索开放共享数据贡献与税收返还和转移支付挂钩的管理体制改革模式，破解数据开放激励不足、价值变现动力不足的"痼疾"，推动实现土地财政向数据财政的根本性变革。

（四）健全数据监管安全体制

一要完善以数据为基础、以信用为核心的监管机制和手段，探索政府、企业、个人多方参与、协同共治的新型监管机制。

二要建立数据市场风险防控体系。强化关键领域数字基础设施安全保障，加大自主安全产品采购推广力度，加强对专利、数字版权、商业秘密、个人隐私数据的保护。建立面向企业的数据安全备案机制，提升数据安全事件应急解决能力。

三要构建"平战结合"的数据治理机制，促进数据要素在应急管理、疫情防控、资源调配、社会管理等方面更好发挥作用。

（五）努力打造国内领先、全球一流数据枢纽城市

一要布局世界一流的5G、云计算、数据中心等新型基础设施，大幅度提升面向区域、面向全球的数据汇聚能力和效率。

二要大力推动关键技术攻关。针对数据要素采集存储流转开发、安全保护硬件与软件的"卡脖子"技术，探索改革科技创新投入机制，加大研发支持力度，构建科技攻关型产业链，努力实现自主可控。

三要力争"数贸区""数贸会"落地。争取将北京作为全球"数贸会"永久举办地，推进数字金融、数权保护、数字海关、数字物流、跨境结算等多个领域的国际合作。探索北京版的数字贸易规则，参与和引领国际规则制定，把握数字

贸易规则主动权，为国家数字开放政策提供压力测试区。

四要推动数据跨区域互联共享。进一步衔接区域数据资源与算力资源，加强与周边区域政企数据交流合作，促进数据资源跨区域流通应用，逐步形成以数据为纽带的区域协同新格局。

五要有序推动数据跨境汇聚流通。探索建立数据跨境流通管理体系，吸引全球人流、物流、资金流、信息流等汇聚配置，逐步打造具有国际影响力的全球数据管理枢纽。

执笔人：深化要素市场化改革课题组

参考文献

[1] 中共北京市委组织部. 全国科技创新中心建设认识与实践［M］. 北京：北京出版社，2019.

[2] 北京技术市场管理办公室. 2019 北京技术市场统计年报［EB/OL］.（2020 – 12 – 08）［2020 – 12 – 27］. http：//kw. beijing. gov. cn/art/2020/12/8/art_ 1408_ 574946. html.

[3] 北京市统计局，国家统计局北京调查总队. 北京统计年鉴 2020［M］. 北京：中国统计出版社，2020.

[4] 国家统计局社会科技和文化产业统计司，科学技术部战略规划司. 中国科技统计年鉴 2019［M］. 北京：中国统计出版社，2019.

[5] 北京市经济和信息化局. 北京市促进数字经济创新发展行动纲要（2020 – 2022 年）［EB/OL］.（2020 – 09 – 22）［2020 – 12 – 27］. http：//www. beijing. gov. cn/zhengce/gfxwj/sj/202009/t20200924_ 2089591. html.

[6] 复旦大学数字与移动治理实验室. 中国地方政府数据开放报告（2019 年下半年）［R］. 2019.

[7] 江小涓，"十四五"时期数字经济发展趋势与治理重点［N］. 光明日报，2020 – 09 – 21.

[8] 肖荣美. 大力发展工业互联网，夯实产业数字化转型新基础［J］. 信息通信技术与政策，2020（7）：64 – 68.

[9] 张钦坤，朱开鑫. 关于数据要素交易流通模式的新思考［EB/OL］. 腾讯研究院公众号，2020 – 10 – 26.

[10] 中国信通院. 中国数字经济发展白皮书（2020 年）［R］. 2020.

第十一章 抓住"两区"建设新机遇，打造北京特色改革开放新高地

习近平总书记在"2020 年中国国际服务贸易交易会全球服务贸易峰会"上发表重要致辞时指出，支持北京打造国家服务业扩大开放综合示范区，设立以科技创新、服务业开放、数字经济为主要特征的自由贸易试验区。北京应紧抓这一战略机遇，聚焦科技创新、服务业开放、数字经济这三个领域，以首善标准推进国家服务业扩大开放综合示范区和中国（北京）自由贸易试验区建设，为构建新发展格局做出首都新贡献。

第一节 "两区"建设为推动首都新发展带来重大战略机遇

在北京建设国家服务业扩大开放综合示范区和设立中国（北京）自由贸易试验区（以下简称"两区"），是党中央和国务院着眼于构建以国内大循环为主体、国内国际双循环相互促进的新发展格局做出的重大战略决策，对坚定不移扩大开放、培育国际合作和竞争新优势、构建新发展格局具有重大意义，为新时代推动首都新发展注入了强大动力。

一是有利于深入落实首都城市战略定位，更好地服务党和国家工作大局。"两区"的设立将有利于更好地落实"四个中心"的首都城市战略定位，推动形成全方位、多层次、多元化的开放合作格局。特别是面对严峻复杂的外部环境，充分发挥北京科技创新中心的作用，更大力度强化原始创新、技术创新和开放创

新，从源头上补链、强链，依靠产业链集成创新进一步稳链固链，提升产业链供应链先进性、稳定性和竞争力，为加快形成"双循环"新发展格局、为打造国际合作与竞争新优势、为建设创新型国家和世界科技强国做出北京应有的贡献。

二是有利于更好发挥首都资源优势，推动经济高质量发展。北京具备得天独厚的人才、科技等优势资源，新经济、外向型经济发展势头比较良好，服务业开放具有引领作用，"两区"的设立将进一步释放出北京巨大的潜力和发展动能，提高北京对全球资源的集聚和整合能力，有助于探索在新形势下建设更高水平开放型经济体制。北京将借此进一步发展新一代的信息技术、智能制造、生物健康、科技服务等高精尖产业，建设数字贸易试验区、全球创业投资中心、国际科技创新中心、北京国际大数据交易所，打造北京经济高质量发展的动力引擎。

三是有利于发挥北京作为"一核"的辐射带动作用，推进京津冀协同发展。北京自贸试验区的设立使京津冀实现了自贸试验区的全覆盖，三地自贸试验区相互支撑，联动发展，推动形成统一的开放市场，同时又实现了差异化定位，这将更好地发挥北京作为"一核"的引领示范辐射带动作用，进一步构建京津冀协同发展的高水平开放平台，带动形成更高层次改革开放新格局。

第二节　突出北京优势，在"两区"建设中实现科技创新、服务业开放和数字经济大发展

科技创新、服务业开放、数字经济，是北京的特色和优势所在，也是北京未来发展潜力所在。

一、以"两区"建设助力科技创新中心建设

北京作为全国科技创新中心，创新优势明显，具备打造全球影响力的科技创新中心的良好基础。创新主体密度高。各类高校和科研院所的数量居全国首位，"两院"院士近一半在北京，集聚了4000多家地区总部和研发中心，全市国家级高新技术企业超过2.5万家，每天平均新设立科技型企业约200家，在京独角兽企业全球最多。科技投入强度大。研发经费投入强度达6%，位居全国第一，超过了纽约、柏林等国际创新城市。基础研究经费投入约占全国1/4，基础研究投

入占比提升至15%左右，超过日本和韩国等发达国家。风险投资累计金额在全球仅次于硅谷。已经成为全球创新网络的中坚力量。英国《自然》杂志发布全球500个城市科研产出排名结果显示，北京连续两年位居全球第一。中关村论坛上发布的全球科技创新中心指数2020，北京排名第五。

"十四五"时期，北京应充分利用"两区"开放政策，聚焦人才与资本两个要素，加大知识产权保护力度，着力构建具有国际竞争力的科技创新制度高地与成果高地。

人才方面，加大力度吸引集聚海内外优秀创新人才。试点开展外籍人员配额管理制度，探索制定分层分类人才吸引政策；探索建立过往资历认可机制；对境外人才发生的医疗费用，开展区内医院与国际保险实时结算试点；为研发、执业、参展、交流、培训等高端人才提供签证便利。

资本方面，促进创投机构集聚，构建国际化的营商环境。全面落实外商投资准入前国民待遇加负面清单管理制度，完善外商投资促进、项目跟踪服务和投诉工作机制。探索赋予中关村科创企业更多跨境金融选择权，在宏观审慎框架下自主决定跨境融资方式、金额和时机等。推动科技创新片区发展天使投资、创业投资，建设全球创业投资中心。

加强知识产权管理、保护和运用，建立与国际接轨的知识产权机制。探索建立公允的知识产权评估机制，完善知识产权质押登记制度、知识产权质押融资风险分担机制以及质物处置机制。设立知识产权交易中心，审慎规范探索开展知识产权证券化。开展外国专利代理机构设立常驻代表机构试点工作。探索国际数字产品专利、版权、商业秘密等知识产权保护制度建设。

加大科研人员职务科技成果市场化赋权、技术转移税收优惠等方面改革力度，强化数字技术应用场景落地。应用区块链等数字技术系统规范跨境贸易，保障跨境贸易多边合作的无纸化、动态化、标准化，整合高精尖制造业企业信息和信用数据，打造高效便捷的通关模式。支持企业数字化赋能，推动大数据、物联网、人工智能等技术的落地应用，为企业技术创新提供更多高含金量的应用场景。

二、以服务业扩大开放带动服务业高质量发展

在服务业发展和开放方面，北京市位居全国前列。2015年，国务院批复北京市开展服务业扩大开放综合试点，北京成为全国首个服务业扩大开放综合试点城市。之后陆续启动了三轮服务业扩大开放综合试点建设，在科技、金融、文化旅游等领域进行了一系列先行先试改革。2019 年，北京市出台了八个重点领域开放改革三年行动计划，推出了 190 项开放创新举措。试点 5 年来，北京形成了 120 余项全国首创的突破性政策或创新制度安排，推广了六批 25 项创新经验和案例。2019 年北京服务业占 GDP 比重达 83.5%，比全国平均水平高 30 个百分点，以金融业、信息服务业、科技服务业等为代表的现代服务业对全市经济增长的贡献率超过五成。2018 年，北京被列入国务院深化服务贸易创新发展试点城市之一。2019 年北京市服务业利用外资占比达到 95%；服务贸易进出口超过 1.1 万亿元，占全国的 1/5，服务贸易发展水平全国领先。在商务部研究院发布的《全球服务贸易发展指数报告 2019》中，北京位居全国前列。通过"两区"建设，将进一步激发北京金融、科技、信息、商贸、文化等现代服务业活力，促进北京服务业高质量发展。

有序推进金融开放和创新。推进金融领域"证照分离"改革全覆盖试点相关政策在京实施。进一步推动新三板改革，全面落实注册制，打造服务中小企业的平台。审慎有序进行金融综合经营试点。开展本外币一体化试点。允许区内银行为境外机构人民币银行结算账户（NRA 账户）发放境外人民币贷款，研究推进境外机构投资者境内证券投资渠道整合。允许更多外资银行获得证券投资基金托管资格。支持设立重点支持文创产业发展的民营银行。鼓励符合条件的中资银行开展跨境金融服务，支持有真实贸易背景的跨境金融服务需求。推动重点行业跨境人民币业务和外汇业务便利化。探索赋予中关村科创企业更多跨境金融选择权，逐步实现中关村国家自主创新示范区非金融企业外债项下完全可兑换。支持依法合规地通过市场化方式设立境内外私募平行基金。支持跨国公司通过在境内设立符合条件的投资性公司，依法合规设立财务公司。

推进文化、教育等服务业领域有序开放。在国家法律法规许可范围内，鼓励国内外著名文化创意、制作、经纪、营销机构与北京市文化企业合资合作。发展文化市场多元化服务模式，选择文化娱乐业聚集的特定区域，允许外商投资者独资设立演出经纪机构，在北京市范围内提供服务。鼓励广播影视、新闻出版等企业进入国际市场。扩大教育开放合作，鼓励外商投资设立外籍人员子女学校，支持外商通过中外合作办学方式投资设立教育培训机构及项目，鼓励开展中外合作办学。规范运用政府和社会资本合作，试点国际学校特许权模式，授予社会资本承担国际学校投融资、建设和维护，在协议规定的特许期限内，许可其融资建设和经营国际学校基础建设，准许其通过对国际学校经营者收取租金，以清偿贷款、回收投资并赚取适当利润的方式积极引进优质民办国际教育集团。鼓励设立外商独资非学制类职业培训机构，引导在京高校与"走出去"的优势企业开展产教融合，接轨自贸区产业需求，加强校企合作，丰富人才多元化培养途径。

提升外资利用质量。放宽外资准入门槛。全面落实准入前国民待遇加负面清单管理制度，建立健全外商投资服务体系。推动引资、引智、引技相结合。瞄准重点区域、重点企业和重点产业，精准开展专题招商活动，为外商投资企业提供法律法规、政策措施、投资项目信息等方面的咨询和服务。引导外资投向重点领域，在"三城一区"、城市副中心、大兴机场自贸片区等重点区域，引导外资参与产业项目、公共服务和基础设施建设。

融入共建"一带一路"高质量发展。鼓励企业在"一带一路"沿线国家推进交通基础设施、口岸基础设施、能源基础设施、通信干线网络建设，支持有能力的企业在"一带一路"沿线国家共商共建以北京园区、基地命名的主题合作园区，推动深层次交流合作。引导建立境内外双向合作园区，构建面向全球的双向互动的投资平台，实现国际价值链、产业链协同合作，重点将中关村科技园、北京经济技术开发区等园区打造为境内境外双向互动的投资服务平台。放宽企业走出去管理限制，进一步简化企业境外投资管理程序。

三、打造我国数字经济发展的先导区和示范区

北京是全球信息服务业最发达的城市之一，拥有完善的数字经济产业生态和庞大的市场应用基础。北京数字经济总量超过1.5万亿元，占GDP的比重超过50%，居全国首位，数字经济已经成为带动国民经济发展的重要力量。云计算、大数据、人工智能、区块链等产业发展水平领先，代表数字贸易竞争力核心产业的电信、计算机和信息服务业占据一定国际市场空间。ICT（信息与通信技术）领域主板上市企业数量排名前十的省份共有669家上市企业，北京共占有111家，排名第二；在互联网百强企业中，北京排名第一（30家）；小米、美团、百度等22家大数据企业入选"中国大数据企业50强"榜单；小米移动软件、京东尚科、航天信息等32家企业上榜2019年国家工信部发布的"中国软件业务收入前百家"。中关村软件园获评首批国家数字服务出口基地，集聚了联想、百度、腾讯、新浪、滴滴、亚信科技、科大讯飞、启明星辰、广联达、IBM等600多家国内外知名IT企业总部和全球研发中心，每平方千米产值突破千亿元。在跨境

电商领域中有京东、敦煌网、小笨鸟等行业领先企业。数字内容产业蓬勃发展，有众多央地国有新闻媒体和新浪微博、百度、字节跳动等企业。

"十四五"时期，北京应把握数字经济和数字贸易发展机遇，立足"两区"建设，开展高水平数字经济和数字贸易先行先试改革，加快数字技术与经济社会深度融合，积极稳妥推进与国际数字经济、数字贸易规则对接，努力打造成为全球数字经济标杆城市以及我国数字经济发展的先导区和示范区。

打造数字贸易试验区，增强数字贸易国际竞争力。立足中关村软件园国家数字服务出口基地、金盏国际合作服务区、自贸区大兴机场片区构建"三位一体"数字贸易试验区，加快形成一批高端数字经济新兴产业集群，构建数字贸易跨境服务支撑体系。对标国际先进水平，探索符合国情的数字贸易发展规则，加强跨境数据保护规制合作，促进数字证书和电子签名的国际互认。探索制定信息技术安全、数据隐私保护、跨境数据流动等重点领域规则。探索开展跨境数据流动试点。探索创制数据确权、数据资产、数据服务等交易标准及数据交易流通的定价、结算、质量认证等服务体系，规范交易行为。探索开展数字贸易统计监测。

积极发展数字经济新业态新模式。培育数据市场，推动多行业、多领域、跨部门、跨层级数据有序流通，实现数据资源化、资产化、资本化，尽快设立大数据交易所，开展数据交易商业模式创新试点，推动数据交易供给侧和需求侧双向驱动改革。加快新一代信息基础设施建设，探索构建安全便利的国际互联网数据专用通道。应用区块链等数字技术系统规范跨境贸易、法律合规、技术标准的实施，保障跨境贸易多边合作的无纸化、动态化、标准化。依托区块链技术应用，整合高精尖制造业企业信息和信用数据，打造高效便捷的通关模式。探索建立允许相关机构在可控范围内对新产品、新业务进行测试的监管机制。

扩大互联网和信息服务领域对外开放。鼓励外资进入软件及信息服务、集成电路设计等新兴产业，推动云计算、物联网、移动互联网、下一代互联网等服务模式和商业模式创新。吸引跨国公司在京设立研发中心、离岸服务中心、经营总部，通过人才引进、技术引进、合作开发等方式开展合资合作。延伸信息服务产业链，支持外资从事信息技术支持管理、财务结算等国际服务外包业务。

第三节 以开放促进制度创新

通过自由贸易区扩大开放，对标国际先进规则，开展规则、规制、管理、标准等制度型开放，由此促进全面深化改革，形成更多有国际竞争力的制度创新成果。

一、推动投资贸易自由化便利化，打造国际一流营商环境

以市场化、法治化、国际化为导向，重点围绕投资贸易自由化便利化强化制度创新。深化投资领域改革。全面落实外商投资准入前国民待遇加负面清单管理制度。完善外商投资促进、项目跟踪服务和投诉工作机制。鼓励在法定权限内制定投资和产业促进政策。完善"走出去"综合服务和风险防控体系。提升贸易便利化水平。推动北京首都国际机场、北京大兴国际机场扩大包括第五航权在内的航权安排。持续拓展国际贸易"单一窗口"服务功能和应用领域。开展跨境电子商务零售进口药品试点工作，具体按程序报批。对符合政策的区内研发机构科研设备进口免税。进一步拓展整车进口口岸功能。支持北京天竺综合保税区打造具有服务贸易特色的综合保税区。试行跨境服务贸易负面清单管理模式。在有条件的区域最大限度放宽服务贸易准入限制。为研发、执业、参展、交流、培训等高端人才提供签证便利。创新监管服务模式。

二、强化联动作用

发挥服务业扩大开放综合试点与自由贸易试验区政策叠加优势，推动"两区"与重点功能区联动发展，发挥好服贸会、中关村论坛、金融街论坛三大对外开放平台的作用，强化"两区"改革同北京市改革的联动。统筹"两区"、中关村国家自主创新示范区等在科技创新、服务业开放、数字经济等先行先试政策，探索形成可复制、可推广的经验，强化"两区"政策联动，在管理模式、推进机制等方面加强顶层设计，形成叠加优势，实现"1+1>2"的效果。

促进三地自贸区联动发展，推动京津冀协同开放，着力构建京津冀协同发展的高水平对外开放平台。提高城市副中心和大兴国际机场临空经济区规划建设发

展水平，打造高质量发展新增长极。将自贸试验区打造为京津冀产业合作新平台，创新跨区域产业合作，引导创新链、供应链、产业链在津冀布局。探索建立总部—生产基地、园区共建、整体搬迁等多元化产业对接合作模式。鼓励北京、天津、河北自贸试验区抱团参与"一带一路"建设，共建、共享境内外合作园区，加强与"一带一路"国家的国际技术转移和成果转化、教育、文化旅游、防疫交流等方面的合作。推动形成统一的开放市场，提升区域通关便利化水平。培育立足京津冀面向国际的新型供应链合作体系。

三、健全开放型经济风险防范体系

推行以信用为基础的分级分类监管制度。聚焦投资、贸易、网络、生物安全、生态环境、文化安全、人员进出、反恐反分裂、公共道德等重点领域，进一步落实好外商投资安全审查制度。健全金融风险监测和预警机制，不断提升金融风险防控能力。依托信息技术创新风险研判和风险防控手段，建立联防联控机制。

第四节　借鉴上海自贸区和海南自贸港经验，发展国际医疗

上海自贸区与海南自贸港结合本地实际，加快政府职能转变，实施管理模式创新，探索国际医疗发展新路径，在税收优惠、园区建设、产城融合等方面形成了创新经验。

一、上海自贸区与海南自贸港对国际医疗发展的政策创新

（一）给予一定的税收优惠

如上海自贸区对新片区内符合条件的从事生物医药等关键领域核心环节生产研发的企业，自设立之日起5年内减按15%的税率征收企业所得税。海南自贸港对先行区范围内确需进口的、关税税率较高的部分医疗器械研究适当降低关税。

（二）依托国际医疗服务片区发展国际贸易

如上海自贸区建设国际医疗服务集聚区，支持与境外机构合作开发跨境医疗

保险产品、开展国际医疗保险结算试点。如海南自贸港依托博鳌乐城国际医疗旅游先行区，大力发展国际医疗旅游和高端医疗服务。

（三）促进产城融合发展

如上海自贸区进一步拓宽国际优质资本和经验进入医疗等公共服务领域的渠道，加强新片区各类基础设施建设管理，提升高品质国际化的城市服务功能。如海南自贸港建设一流的国际旅行卫生保健中心，为出入境人员提供高质量的国际旅行医疗服务。

二、对北京自贸区发展国际医疗的建议

（一）建设数字国际医院

数字医疗是公共医疗发展的新模式，已成为改变医疗行业的有效切入点，随着数字医疗技术的进步，数字医疗的应用更加广泛。依托北京自贸区的功能划分，在国际商务服务片区建设数字国际医院，通过建设国际医疗中心、远程会诊中心的方式对接欧美等国家的医疗集团，打造跨境医疗服务闭环，以解决赴海外就医"痛点"，整合国际优质医疗资源，提升医疗服务供给能力。

（二）加速药械研发转化

现代医学更加注重基础研究和原始创新对临床医学的支撑作用，建立第三方研发生产服务平台，通过创建开放实验室、共享技术转移服务平台、中试基地等方式支持创新成果孵化转化。建立原研药及医疗器械上市快速审批通道，仿制药一致性评价绿色通道，鼓励自贸区内的药械研究机构、检验机构开展处方工艺和质量研究，加速药械研发成果孵化转化进程。对从事生物医药等的生产研发企业，给予企业所得税征收减免。

（三）促进医疗前沿技术应用

医疗全球化的发展进程提速，将北京自贸区打造成为海外医疗前沿技术引进的窗口，优化进口注册审批流程，对在国外依法批准上市、未获得我国注册批准的药品、疫苗、器械等申请进口注册的，试点执行备案制申请，方便居民选择医疗前沿技术成果，满足多样化医疗服务需求。建立疫苗紧急使用通道，遇特别重大突发公共卫生事件时，可安排优先使用。

（四）引进国际康复护理机构

康复护理机构是北京医疗发展的薄弱环节，有待增加供给数量，提升发展质量。在北京自贸区试点注册护士独立执业，鼓励符合条件的注册护士开办个体康

复护理机构，增加全市康复护理资源。发展外资康复护理机构，引进发达国家康复护理标准，从生理、心理和社会等方面提升全方位的服务体验。试点延长外资康复护理机构从业人员在自贸区内的工作居留时间至 5 年。

（五）鼓励健康管理企业发展

加强健康管理是落实"以人民健康为中心"的主要路径，我国的健康管理主要由社区卫生服务机构承担。在自贸区鼓励发展健康管理企业，引进先进的健康管理理念，可以为职业人群、老年人群、慢性病人群等提供从职业健康、心理健康、慢病管理等不同层面的精准健康服务，开展进驻式服务、定制化管理、运动预防等多样化服务方式，提升健康管理服务能力。

（六）发展第三方医学服务机构

推动形成"基层检查、上级诊断，多点诊疗康复"的分布式就医新格局，快速建设第三方医学服务机构，如门诊手术中心、检验检测机构等，通过移动医疗、智慧医疗和远程医疗，拓展优质医疗卫生资源延伸覆盖。改革完善医保支付政策，扩大在线诊疗纳入医保覆盖面，形成适应新型医疗服务网络的利益分配机制。

执笔人：赵永珊　陈洪磊　陈思宇　马国鑫

第十二章　以扩大内需为战略支点，发挥消费的基础作用

消费是生产的起点和终点。其贯穿了国民经济生产分配流通消费循环过程，对保持经济社会平稳健康发展具有重大意义。其中服务性消费是指满足人们精神文化需求的消费，具有生产过程和消费过程在时间和空间上的同一性和可持续性，代表着消费发展趋势，是支撑服务业高质量发展的基础。2019 年，北京实现市场总消费额 27318.9 亿元，比 2018 年增长 7.5%；其中，服务性消费额 15048.8 亿元，比 2018 年增长 10.2%，占总消费额的比重达 55.1%。总体上看，北京已进入服务性消费为主的发展阶段。一般性服务消费供给充足，中高端服务消费供给短缺，多元化主体供给不足，消费环境还有待进一步完善。服务消费政策导向应由周期性政策向长期性政策转变，完善具有首都特点的服务性消费政策体系。本章研究基于《四大直辖市服务性消费比较研究》课题总报告成果展开。

第一节　北京消费的基础作用和服务消费特征

自"十一五"以来，北京最终消费率和最终消费贡献率逐渐稳定超过资本形成率和资本形成总额贡献率，成为拉动经济增长的第一引擎。消费结构加速提档升级，服务消费提质增容，新兴消费蓬勃兴起，消费领域新技术、新产业、新模式、新业态不断创新发展。

一、消费拉动经济引擎作用持续增强

近年来，北京市消费需求持续增长，成为拉动经济增长的关键引擎。2018年北京最终消费支出达到18508.9亿元，最终消费率60.5%，比2015年上升1个百分点。2018年北京最终消费贡献率达69.4%，比2015年提高3.7个百分点。最终消费在"三驾马车"中的首要地位持续增强，如表12-1所示。

表12-1　北京市主要年份投资消费贡献情况　　　　　　单位:%

年份	消费率	资本形成率	消费贡献率	投资贡献率
2005	48	55.3	33.3	49.3
2010	53.8	45.9	61.7	55.7
2015	59.5	40	65.7	26.4
2016	59.4	39.5	60.4	31.3
2017	59.5	39.4	63.9	38.9
2018	60.5	37.8	69.4	13.3

资料来源《北京统计年鉴》（2020）。

二、消费结构彰显首都特色

一是政府消费作用突出。自"十三五"以来，北京政府消费总额年均增速11.3%，比居民消费增速高3.2个百分点；2018年北京政府消费支出占最终消费支出的32.7%，比2015年提高1.9个百分点，占比逐年微增，比2018年全国政府消费占比27.5%高5.2个百分点。

二是城镇居民仍是消费的主力军，农村居民的人均消费支出增速超过城镇居民。2018年北京城镇居民人均消费支出42926元，是农村居民的2.1倍，依旧是消费的主要力量；自"十三五"以来农村居民人均消费支出年均增速8.5%，比城镇居民高3.1个百分点。

三是外来消费增速较快。2016~2019年，北京入境旅游外汇收入先升后降，年均增速为3.0%；外地来京旅游者人数和国内旅游收入双双增加，年均增速分别为4.3%、8.0%；2020年受疫情影响，旅游业遭受重创，但长期发展依旧看好。

四是消费热点不断涌现。"80后""90后"群体正成为消费的"主力军"，

其消费心理和消费需求由注重数量、价格，转向更加注重多元化、个性化及品质化；移动互联网和数字技术等科技进步助推了网络购物、无人超市、餐饮外卖、无接触配送等新消费方式不断出现，夜间消费和绿色消费等消费热点不断涌现。

三、服务消费成为拉动市场总消费的重要力量

自"十三五"以来，北京市场总消费额持续稳定增长，规模不断扩大，2016～2019 年年均增速为 5.5%，如表 12-2 所示。2019 年全年实现市场总消费额达到 27318.9 亿元，比上年增长 7.5%。

表 12-2　2015～2019 年北京市市场总消费及服务性消费情况

单位：亿元,%

年份	市场总消费额		服务性消费额		服务消费占总消费比重
	消费额	增长	消费额	增长	
2015	18646.0	7.3	8308.0	10.5	44.6
2016	19926.2	6.5	8921.1	10.1	44.8
2017	23789.0	5.2	12213.6	11.8	51.3
2018	25405.9	2.7	13658.2	11.8	53.8
2019	27318.9	7.5	15048.8	10.2	55.1
2016～2019 年均增速	—	5.5	—	11.0	—

资料来源：《2015—2019 年北京市国民经济和社会发展统计公报》。

北京服务性消费额保持快速增长，成为拉动市场消费总额增长的重要力量，占市场总消费额的比重日益提升，呈现出较大的发展潜力。2016～2019 年年均增速达 11.0%。2019 年实现服务性消费额达 15048.8 亿元，比上年增长 10.2%，对市场总消费额增长的贡献率达 72.7%；服务性消费额占市场总消费额的比重由 2015 年的 44.6% 上升到 2019 年的 55.1%；2017 年首次超过 50% 达 51.3%，已稳定在 50% 以上并持续上升。未来一段时间，服务性消费增速有望长期持续，成为支撑经济平稳增长的重要力量。

四、交通和通信、教育文化和娱乐消费占比高

在 2018 年服务性消费额 13658.2 亿元中，交通和通信服务消费占 31.0%，主要是交通工具使用维修费、交通费、通信服务、邮递服务费；其次是教育文化

和娱乐服务消费占 28.3%，主要是教育服务、文化娱乐服务、旅游等。随着消费结构调整升级，消费品质不断提升，较高层次的通信服务消费和教育文化娱乐服务消费等成为热点。位居第三的是居住服务消费支出占 21.4%，主要是租赁房房租、住房保养维修与管理费等。

近年来，随着北京交通设施进一步改善，快速直达专线、定制商务班车、地铁等地面公交新增线路，支撑交通消费增长。国际国内交往中心的城市定位，也使航空、铁路等成为支撑北京交通消费市场的重要力量。同时，汽车限购现行政策，也使私家车拥有量及出行保持缓慢有序增长，私人汽车拥有量从 2015 年的439.3 万辆增加到 2019 年的 497.4 万辆。伴随着智能终端、电子支付手段迅猛发展，新兴移动应用层出不穷，网购更加便捷，在线医疗、在线教育消费市场提质扩容，互联网消费规模快速扩张。2019 年末，北京市移动电话用户为 4019.7 万户，移动电话普及率为 186.7 户/百人；固定互联网宽带接入用户数达到 687.6万户。

北京教育文化和娱乐服务消费对服务消费的快速增长产生了重要引领作用。2019 年，全市教育文化和娱乐服务消费实现 4311 亿元，同比增长 7.8%。北京是全国文化中心，整体教育水平全国领先，从幼教到高等教育消费项目丰富多彩，在职培训市场庞大。文娱消费持续强化惠民，2019 年全市发放不低于 5000万元的惠民文化消费电子券，带动文化旅游等消费增长，西单、王府井等重点商业区域成为多种业态的文化商业综合体。文旅融合趋势明显，旅游消费呈向好态势。

五、居民支出结构向发展型、享受型消费升级

居民人均消费支出结构是居民消费质量的重要反映。理论上通常将"衣、食、住"支出作为生存型消费①，其他五类称为发展型和享受型消费支出，特别是将交通通信、娱乐教育文化和医疗保健三项消费水平作为消费升级的重要标志。从美国等发达国家消费发展历程看，居民消费结构升级具有服务性消费增长速度明显高于商品性消费、"衣食住行"消费向"发展型、享受型"消费转移的特点。从北京市自"十三五"以来人均消费结构变化看，消费结构持续升级，

---

①　也有将"生活用品和服务业"作为生存型消费，只将后四类作为发展型和享受型消费，如天津市统计局发布的《城镇居民生活水平持续提升——天津改革开放 40 年经济社会发展成就系列报告之十》。

食品烟酒、衣着等基本生存型消费支出占比出现不同程度下降。2018 年与 2015 年相比，具有以下主要特点：

一是在食品烟酒支出、衣着支出占比方面，出现较大幅度下降。2018 年北京食品烟酒支出占比 20.2%，比 2015 年下降 2.2 个百分点，但仍在八类消费中排第二位。2018 年北京衣着支出占比 5.5%，比 2015 年下降 1.7 个百分点。

二是在居住支出方面，北京占比高且在八类消费中排第一位，居住消费支出增长较快，上升幅度大。2018 年北京人均居住消费支出比 2015 年名义增长 36.3%，2019 年北京人均居住消费支出占比已达 36.6%。

三是在交通通信、娱乐教育文化和医疗保健方面，三项消费合计占比下降。2018 年，北京市这三项消费合计 12041.4 元，比 2015 年名义增长 16.3%，占比 30.2%，比 2015 年下降 0.4 个百分点。北京三项合计占比比美国、韩国和德国分别低 14.4 个、4.1 个和 2.6 个百分点。其中医疗保健支出大幅度上升，2018 年北京占比达 8.2%，比 2015 年上升 1.6 个百分点，这与近年医改力度加大、提高医师服务费，随着人们生活水平提高更加有条件关注自身健康等因素有关。

四是在其他服务方面，2018 年占比 2.7%，比 2015 年小幅下降 0.2 个百分点。北京交通通信、娱乐教育文化、医疗保健和其他服务消费占比下降，与北京居住消费增长过快、占比高有直接关系，对其他类别消费支出提升构成明显的挤出效应。

从支出结构来看发展阶段，目前北京仍处于以"住行"消费为主，"康乐"消费已见端倪的重要阶段。服务消费呈快速发展态势，以信息消费、教育文化和娱乐等为代表的个性化服务消费将会继续发展；而未来老龄人口比重增加，医疗保健消费也会有更大的市场需求。

六、居民服务消费价格指数明显高于商品价格指数

价格是影响居民消费的重要因素，既是消费市场供需状况的直接反应，也是消费项目质量和消费者承受成本的重要体现。

一是服务消费价格指数明显高于同期居民消费价格指数。如 2018 年北京服务项目价格比 2015 年增长 11.3%，比同期居民消费价格增幅高 5.4 个百分点。从各年的情况看，在多数年份情况下，也都是当年居民服务项目价格指数高于居民消费价格指数（以上年为 100），如北京市 2016～2019 年居民服务项目价格指数分别为 102.7、104.7、103.5 和 102.5，而当年居民消费价格指数分别为

101.4、101.9、102.5 和 102.3。

二是从分服务项目类别看，医疗服务价格涨幅最高，其次涨幅较高的是家庭服务、衣着加工服务；价格下降的主要是通信服务价格。如 2018 年北京市医疗服务价格比 2015 年增长 25.7%；家庭服务费价格比 2015 年增长 12.4%；通信服务价格为 2015 年的 84.1%，这主要是国家自 2017 年以来连年大力推进网络提速降费政策，各市均大力支持通信基础设施建设，通信领域用户数量和网络使用量迅速增加，行业整体运营成本下降，推进服务价格下降。

七、居民服务消费政策特点

近年来，国家将促进服务消费的重要性提到了前所未有的高度，先后发布一揽子促消费政策，快速有效扩大了服务消费，发挥出对实物消费、新消费的引领作用，以促进消费提档升级。如 2015 年印发了《国务院关于积极发挥新消费引领作用，加快培育形成新供给新动力的指导意见》（国发〔2015〕66 号），2017 年印发了《关于进一步扩大和升级信息消费持续释放内需潜力的指导意见》（国发〔2017〕40 号）等。

北京市以国家促进服务消费政策为指引，结合自身城市功能定位、资源禀赋、产业优势，出台了促进服务消费的相应政策。如 2017 年 6 月 24 日，印发了《北京市人民政府关于培育扩大服务消费优化升级商品消费的实施意见》（京政发〔2017〕20 号）。聚焦全国文化中心建设，统筹推进长城文化带建设；着眼于国际交往中心建设，包括高水平建设运营环球主题公园，落实好 144 小时过境免签政策，打造全球旅游消费目的地；强化京津冀旅游协同发展，建设环北京旅游休闲廊道，加快全域旅游示范区创建工作；并以筹办 2022 年冬奥会为契机促进体育消费，丰富群众体育消费业态。同时，受房价过高、交通拥堵、环境压力等现实矛盾，北京在购房、购车出行方面，也采取了限制性消费政策。

北京市在促进消费政策上，突出培育扩大特色服务消费，促进服务消费提质扩容。在文化旅游体育消费方面，丰富文化消费，创新文化创作传播消费方式，培育具有示范引领作用的实体书店，推进公共图书馆、博物馆等免费开放，强化文化惠民消费；扩大旅游消费，改善旅游消费环境。在健康养老家政消费方面，拓宽共享新兴医疗健康服务消费；培育多元化养老服务消费。在绿色交通和信息消费等方面，支持机动车分时租赁、共享自行车发展，提高居民绿色出行消费比例；进一步强化信息基础设施建设，推动居民信息消费产品升级换代，培育信息消费新热点来扩展信息消费。

第二节 北京服务消费存在问题分析

消费为经济发展提供了持续可靠的动力，成为拉动北京消费增长的"主引擎"。与此同时，北京服务消费仍存在占比相对不高、增速放缓、城乡差距较大、中高端消费供给不足等问题。

一、总体来看，服务消费占比相对不高，增速放缓

服务消费与发达国家相比仍有差距。20 世纪 70 年代，美国和法国人均 GDP 处于 5000~7000 美元，服务业比重达到 60% 左右时，其服务消费就已经超越商品消费，成为消费的主要部分。美国服务消费占比在 1989 年超过 60% 后始终稳居高位，2019 年达 69.1%。北京在 2017 年服务消费比重才刚超过商品消费达到 51.3%，与此同时，人均 GDP 水平和服务业发展水平明显不相称。2019 年，北京服务消费占比上升到 55.1%，人均 GDP 接近 2.4 万美元，大体相当于美国 1990 年的水平，而当年美国服务消费比重为 60.8%[1]，相差 5.7 个百分点。

从服务消费结构来看，北京与发达国家差别也比较明显。2018 年，北京市医疗保健、交通通信、娱乐教育文化消费占比合计为 30.22%（见表 12-3），分别低于美国、韩国和德国 14.4 个、4.14 个和 2.62 个百分点。高品质服务供给不足，服务贸易逆差逐年扩大，从 2010 年的 21.9 亿美元扩大到 2018 年的 480.6 亿美元，仅旅游服务贸易逆差 2018 年就已达 393.5 亿美元，服务消费外流突出。

表 12-3 北京与发达国家（地区）服务消费结构对比[2] 单位：%

国家/地区	年份	医疗保健	交通通信	娱乐教育文化	其他
美国	2017	21.83	11.58	11.21	14.11

---

① 这里的美国服务消费仅为私人消费口径，而北京服务消费为全社会总消费口径，如果仅从私人消费角度考虑，差距会更大。

② 资料来源：《国际统计年鉴》（2019）。

续表

国家/地区	年份	医疗保健	交通通信	娱乐教育文化	其他
英国	2018	2.11	15.13	11.45	12.99
法国	2018	3.98	16.42	8.38	12.16
德国	2017	5.19	17.58	10.07	12.66
日本	2017	3.69	13.91	9.92	14.14
韩国	2017	5.58	15.16	13.62	13.5
中国北京	2018	8.22	11.96	10.04	2.71

近年来，北京服务消费增速也有所放缓。2018 年服务性消费额为 13658.2 亿元，同比增长 11.8%，对总消费贡献率达到 89.3%；2019 年服务性消费额为 15048.8 亿元，同比增长 10.2%，对总消费贡献率下降到 72.7%。2019 年，北京市人均消费支出为 43038 元，"十三五"时期（2016～2019 年）年均增速为 6.2%，较"十二五"时期年均增速（9.1%）降低 2.9 个百分点，低于上海同期年均增速（7%）0.8 个百分点。"十三五"时期，北京市社会消费品零售总额年均增速为 4.4%，较"十二五"时期年均增速（7.3%）低 2.9 个百分点。

二、从城乡比较来看，北京居民服务消费相对差距和绝对差距都在扩大

城乡居民消费差距进一步扩大。受二元经济结构影响，我国城乡居民消费差距明显，北京也不例外。2011～2018 年，北京城乡居民人均消费支出相对差距由 1.98 倍扩大到 2.13 倍，同时，绝对差距也由 10906 元扩大到 22731 元，消费差距不断增加。

城乡居民教育文化娱乐消费和医疗消费差距更加明显。2011 年，城镇居民人均教育文化和娱乐消费支出为 3307 元，而农村居民仅有 1004 元，相对差距高达 3.29 倍，到 2018 年仍有 3.07 倍，绝对差距由 2303 元扩大到 2966 元。2011 年城乡居民医疗保健消费相对差距为 1.47 倍，到 2018 年扩大到 1.74 倍，绝对差距由 488 元进一步扩大到 1484 元。

线上新消费对北京城乡居民的影响程度差异较大。线上新消费是"十三五"以来居民服务消费的新亮点。北京城镇居民线上消费持续递增，而农村地区则由于物流配送基础设施相对滞后、配送主体偏少、成本较高等原因与城镇居民相比差距较大。根据市调查总队在全市 16 个区开展的网购专项调查，在 2019 年 9～11 月网购消费中，城镇居民网购金额占比超 9 成，达 93.7%，农村居民网购金

额占比为 6.3%。网购用户中，城镇居民占比 89.0%，农村居民占比 11.0%。

从特征来看，农村居民侧重耐用消费品，城镇居民青睐服务。农村居民耐用消费品消费占比为 31.1%，高于城镇居民 8.7 个百分点。城镇居民服务消费占比为 20.8%，高于农村居民 7.4 个百分点。原因在于，农村耐用消费品购买网点少，网购价格更低且运输方便，节约成本；而城镇居民更注重休闲娱乐，通过购买服务享受生活。

三、从首都功能定位来看，文化消费增长空间依然很大

从城市经济实力来看，北京、上海位列第一梯队，人均 GDP 均超过 2 万美元。据第一财经统计，2019 年全国十大消费城市分别是上海、北京、广州、重庆、成都、武汉、深圳、杭州、南京和苏州，社会消费品零售总额全部超过 6000 亿元。文化消费是高层次的精神消费，是建立在强大经济实力和较高收入水平基础上的享受型消费。理论上讲，经济基础越雄厚的城市，文化消费水平应该更高。然而从两个直辖市比较来看，上海文化消费在居民消费中的占比最高，为 11.6%；北京文化消费占居民消费的比重最低，仅为 10%；且在文化产业增加值占 GDP 比重从 2005 年的 9.4% 上升到 2018 年的 14.3% 的同时，文化消费占居民消费的比重却从 16.5% 下降到 10.3%，呈逐渐下降趋势。北京文化消费增速其经济实力排名明显不符，如表 12-4 所示。

表 12-4　2018 年两个直辖市居民人均消费支出结构比较① 单位：元,%

年份	北京居民人均消费支出	上海居民人均消费支出	北京居民人均消费支出增长	上海居民人均消费支出增长
2014	31102.9	33064.8	6.6	8.8
2015	33802.8	34783.6	8.7	5.2
2016	35415.8	37458.3	4.8	7.7
2017	37425.3	39791.9	5.7	6.2
2018	39842.7	43351.3	6.5	8.9
2019	43038.3	45605.1	8.0	5.2

① 资料来源：中指研究院。

分析原因，从供给来看，文化产品与服务不能满足需求。与上海相比，北京龙头领军型文化企业不足，文化企业小、散，无法形成规模效应。2018年，北京市文化产业法人单位平均从业人员仅有8人，而上海为15.3人，相对而言北京规模效应不足，且重点骨干文化企业中，进行全球化市场运营的数量也偏少。传统类文化产业比重较大，创新型文化业态还需要培育。比较来看，2019年北京文化产业收入中，新闻信息服务占28.7%，而上海仅占8.4%（2018年）。在代表文化产业核心竞争力的内容创作、创意设计、装备生产等领域，北京占比均落后于上海。此外，文化提供方式传统，体验性、互动性、个性化、灵活性不足，也是影响文化供给有效性的重要方面。

从需求来看，一是与其他直辖市相比，北京居住成本较高，对其他类别消费支出提升构成挤出效应，居民将更多的资金用到了购房投资、缴纳房租，进而挤压了消费。二是近年来北京人才呈现净流出态势。据猎聘网报告，2017~2018年，全国中高端人才净流入率中北京未进前20，人才净流入率为－0.16%。在京高校毕业生留京率也持续走低，2014~2018年，在京高校毕业生留京率从75.4%降到62.5%，清华大学、北京大学毕业生留京率均已降至40%以下①。高素质人才下降，对文化消费造成一定影响。

四、从消费业态来看，新消费仍处于发展初期，占比不高

基于"互联网＋"和新技术手段而产生的消费新模式和新业态在疫情后得到了快速发展，特别是线上线下融合消费、在线教育、在线娱乐、在线医疗等迎来发展的机遇期。但当前，这些消费新业态新模式仍处于发展的初期阶段。

一是线上销售以实物为主，服务类占比较低。2019年12月国家统计局北京调查总队开展的网购专项调查显示，2019年9~11月，网购实物类商品占73.6%；服务类消费仅占20.3%。二是网络消费服务质量不稳定，用户体验有待提升。三是在线教育、医疗供给方式单一，服务效果有待提升。由于教育、医疗属于服务产品，生产和消费同时进行，且需要供需双方面对面直接互动。尽管通信技术的发展使远程视频毫无障碍，但受网络信号、网络平台技术支撑能力和作为终端的电脑手机显示区域所限，视频表达与现场沟通效果差距明显，网络互动体验效果远远小于现场互动，尤其是教学或医疗都属于专业范畴，信息量较大，

---

① 荀怡．稳定人口预期提升就业质量支撑首都高质量发展［J］．经济社会发展研究，2020（37）．

需要供需双方对信息的表达和理解实现高度共振，但网络就医和教育难以及时反馈信息。特别对于一些疑难杂症和对互动要求比较高的舞蹈、乐器等教学内容而言，当前网络替代手段有限，因此，在线教育和在线医疗实施效果仍有待进一步提升。

五、从供给水平来看，中高端服务消费供给不足，影响消费升级

参考日本"第四消费时代"理论，北京居民消费已经从模仿型排浪式的基本消费逐步转变为个性化、多样化的高品质消费，特别是旅游、文化、体育、健康、养老、教育培训这些领域的消费需求快速增加，而且可挖掘的潜力巨大。但当前，中高端领域供给升级的步伐明显滞后于消费需求。

一是高端医疗服务不足。全市高端医疗服务主要来源于商业医疗机构和公立特需医疗两大部分，其中公立医院特需服务规模受到严格限制[1]，而比重不足一成的民营医疗机构多以妇婴、整形美容、体检、口腔等专科医院或门诊部为主，规模较小，规范化管理和监督治理不到位，社会信誉度不高，难以适应高端医疗服务快速增长的需要。

二是国际教育供给短缺。北京国际学校发展不及上海。据英国 ISC research 统计，上海和北京国际学校数量分别位居全球第二和第四，2019 年在国际学校学生数分别为 7.6 万人和 5.2 万人。据新学说统计，截至 2019 年 9 月，中国获得 IBO 认证的国际学校上海有 32 个，北京有 20 个[2]。在《2017 胡润百学·中国国际学校百强》中，北京的上榜学校数量也低于上海。

三是高端商业设施布局不合理品质不高。商业设施大量聚集在城市中心区，与居住设施空间匹配度有待提高；商业设施空间位置相对分散，连片集中、集聚度高的商业中心区较少，与轨道交通、办公空间的匹配度有待提高；部分大型商业设施文化和空间品质较低，品牌聚集度低，街区商业体验性不强，商业设施老化较为明显。全市经营面积在 2 万平方米以上的近 200 家商业设施中，开业时间超过 20 年的有 18 家，在 10 ~ 20 年的有 54 家，已出现基础设施老化、硬件环境陈旧等问题，如表 12 - 5 所示。

---

① 2015 年 5 月，国务院办公厅下发《关于城市公立医院综合改革试点的指导意见》，规定提供特需服务的比例不超过全部医疗服务的 10%。

② 资料来源：北京新学说文化传媒有限公司《2019 中国国际学校发展报告》，https：//www. xinxue- shuo. cn/#/research/download？id = 16。

表 12 – 5　2018 年 4 个直辖市连锁零售企业比较　　单位：个，亿元

板块/指标	连锁零售企业总店数	连锁零售企业门店总数	连锁零售企业商品销售额
北京	180	9862	3356.3
天津	32	2271	568.3
上海	136	23079	4187.9
重庆	79	9218	980.4

六、从消费环境来看，尚不适应新形势发展，亟待进一步改善

一是监管体制不适应消费新业态新模式的迅速发展。传统监管体系强调属地管理和行业管理，与消费新业态新模式产生了矛盾，无法实现跨区域、跨部门、跨行业的统筹监管。由于部门间存在条块分割，面对新的消费形态就会有监管漏洞、盲区和真空地带。例如，近年来在教育、体育、医疗美容等服务消费领域的预付卡现象，以目前施行的《单用途商业预付卡管理办法（试行)》（商务部2012 年第 9 号令）进行监管约束有限[1]。

二是服务性消费的质量和标准体系建设滞后。服务消费的质量标准体系目前还比较分散，与国际标准存在较大差距，且多个领域尚未明确统一权威的质量标准，存在消费价格与供给质量不对等现象，影响消费者权益。服务消费供给方失信成本较低，缺少有效的质量约束机制。

三是信用体系和消费者权益保护机制有待完善。在信用体系建设方面，面临线上线下企业信用体系不完善、网络支付安全风险、用户身份及网站信任服务有待加强等问题。同时，消费者权益保护机制也需要进一步完善，例如，文化消费因其特殊性，在消费者权益保护法的适用方面模糊不清，"生活消费"涵盖的范围无法界定，文化消费是否适用该法存在争议。此外，消费者意识和维权能力也需要进一步提高。

---

① 张文明，姬鹏程. 北京市消费提档升级"有所为"更应"善作为"［J］. 中国经贸导刊，2020（2）：43 – 45.

第三节　扩大服务性消费的政策建议

我国以往的消费政策往往是周期性的。改革开放以来，针对宏观经济形势发展需要，我国实行了三次大的扩大内需战略，分别是 1998 年、2008 年和 2011年。1998 年和 2008 年实施的扩大内需战略，主要以扩大投资需求为主，特别是基础设施和房地产投资成为经济增长的主要驱动力。2011 年 12 月中央经济工作会议再次提出扩大内需，特别是消费需求。在经济新常态下，扩大内需特别是消费需求成为我国经济长期平稳较快发展的根本立足点。2020 年，在国际环境变化和突如其来的疫情影响下，中央提出要坚持供给侧结构性改革这个战略方向，扭住扩大内需这个战略基点，推动形成以国内大循环为主体、国内国际双循环相互促进的新发展格局。

一、消费政策的长期导向

一是由周期性政策转向长期性政策导向。消费是实现经济循环的重要环节，是生产的起点和终点。在构建以国内循环为主、国内国际双循环相互促进的新发展格局中，消费作为战略支点的重要性日益凸显。与以往几次周期性扩内需的政策导向不同，随着我国和北京经济发展水平的提升，消费需求作为经济增长的慢变量和长期因素，特别是近年消费对经济增长的作用，使得消费政策特别是服务性消费政策将转为长期性政策，通过持续不断地将巨大的服务性消费潜力转化为实际需求，畅通服务经济循环。

二是明确以鼓励增加中高端服务供给为导向。北京服务性消费经历"从无到有、从少到多"的消费结构升级路径，目前已全面进入"从有到优"的服务消费为主的发展阶段，发展型、享受型、国际型服务消费需求旺盛，中高端服务消费外流现象逐年扩大。不断满足和提高人民对美好生活的向往，加大供给侧结构性改革，增加优质服务供给，有序引导境外高端消费回流，是北京服务性消费政策的长期着力点。

三是以完善综合性服务性消费政策体系为导向。注重投资结构与消费结构的有效对接，构建扩大服务性消费的长效机制；注重投资政策、消费政策、产业政策、土地政策、财政政策等相互配合，构建综合政策体系；注重供给政策与需求政策、短期应对与长期政策的配合，实现消费结构转型升级；注重生产流通分配消费全过程，打通国内外经济循环，促进经济社会高质量发展。

四是以促进产业融合发展为导向。服务性消费是消费结构升级的必然趋势，也是服务业发展、产业升级的动力；服务业质量的不断提升，产业融合发展也为扩大服务消费提供了基础。

二、扩大北京服务性消费的若干政策建议

在未来，北京服务性消费所具有的首都消费、高端消费、趋优消费、国际性消费、个性化消费的趋势将更为明显，安全消费、健康消费等新消费将成为新维度。顺应消费发展趋势，进一步加大政策支持至关重要，必须坚持供给侧结构性改革和需求管理并重。

（1）近期仍以帮助企业纾困恢复疫情影响为主。继续深化对困难企业的帮扶支持，扩大和规范各类消费券的发放使用，进一步释放消费潜力；同时坚持防疫常态化措施，统筹疫情防控与促消费的关系。

（2）中长期重在营造良好消费生态，构筑服务性消费生态链、生态圈和生态体系。主要包括生产者、消费者、经营者、投资者以及政府等不同主体行为以及要素、资源配置、政策、法律、行业标准、消费环境、不同业态等相互联系的综合系统，在良好的消费生态系统下，消费者愿意消费、敢于消费；经营者愿意提供优质服务；不同产业、业态相互融合发展，服务性消费与服务业发展相互促进、共同提升。

（3）完善具有首都特点的服务性消费政策体系，积极探索"消费型社会城市"试点政策。消费型社会是后工业化阶段的必然发展趋势，北京消费资源和市场广阔，应重点促进首都文化旅游消费，提升国际教育、国际医疗消费水平，扩大新型消费发展，以消费结构升级促进投资结构转型和产业结构升级，形成土地政策、消费政策、投资政策、产业政策、金融政策相互配合，服务性消费、服务业发展和扩大开放、服务贸易相互统筹的综合政策体系，促进基础消费向品质消费转变。

（4）健全服务消费监管体系。包括价格监管、服务行业监管、企业信用监管、服务标准制定以及严格预付费消费监管等，营造愿意消费、敢于消费、安全消费的市场环境。有学者认为，促进我国居民服务消费上升的主要因素是服务价

格而非收入水平的提高，服务消费名义增加了，但实际消费需求反而因价格上升部分受到限制，因此，加强服务消费价格监管至关重要。要坚持依法监管和包容审慎监管相统一，实行分类监管、重点监管、差异化监管，更好保障市场主体权益，为新业态发展留足空间。

（5）进一步稳定和扩大北京中等收入群体，稳定居民消费预期，提高居民服务消费倾向。一是 2014～2018 年，北京居民人均消费支出占可支配收入的比重逐年下降（见表 12－6）。随着人口老龄化加剧，有可能提升居民预防性储蓄倾向，出现"有钱不敢花"的现象。

二是 2018 年北京市第三产业各行业从业人员平均工资水平差距中，金融业最高为 26.1 万元，最低的居民服务修理和其他服务业仅 5.1 万元；住宿和餐饮业、批发零售业、租赁和商务服务业、交通运输仓储和邮政业从业人员平均工资也低于全市平均水平。建议进一步增加服务业从业者工资性收入，扩大居民经营净收入，奠定消费基础。一般而言，中等收入群体的消费倾向高，服务消费的需求弹性大于商品消费，中等收入消费者需要更多更高品质的产品和服务。

表 12－6　四大直辖市居民人均消费支出占人均可支配收入比重　　　单位：%

年份	北京	天津	上海	重庆
2014	69.9	77.5	71.9	75.3
2015	69.8	77.2	69.8	75.3
2016	67.4	76.7	69.0	74.4
2017	65.4	75.2	67.5	74.1
2018	63.9	75.7	67.5	73.0

资料来源：《中国统计年鉴》（2019）。

（6）严格落实职工带薪休假制度，让中等收入群体有钱与有闲结合起来，助推旅游、文化、娱乐、休闲等服务业发展。相关研究表明，年休假天数增加 1%，促进城乡居民人均服务消费分别增加 1.278% 和 0.372%；实行双休制度比不实行双休制度能促进城乡居民人均服务消费分别增加 48.5% 和 16.8%[①]。建议北京探索试点在没有小长假的月份，实行每月一次长周末制度，即星期五、星期

---

① 王琪延，曹倩. 休假制度对我国城乡居民人均服务消费的影响［J］. 科学经济社会，2019，37（3）：51－56.

六、星期日三连休，扩大京郊及京津冀地区旅游市场需求。

（7）倡导健康绿色生态的新型生活方式，注重人的健康安全需求以及人的自我发展自我完善需求，加快培育服务消费新热点、新消费新服务新模式。一是服务消费需求和供给存在的异质性、个性化、多样化特征，为发展新消费新服务提供了内在需求；人们对美好生活的向往，更成为新消费新服务的内在驱动力。二是提升教育、旅游、医疗、健康、养老、文化、娱乐等服务业水平，推动服务业数字化转型，提高服务业劳动生产率和服务供给质量。三是围绕人的全面发展和完善，推进健康产业、美丽产业、幸福产业发展，扩大服务性消费的产业基础。

（8）多元化、多渠道、多样化、多层次增加服务性消费供给，同时要防止服务消费高端化，中档优质消费供给不足。鼓励利用闲置工业厂区等场所建设文化时尚中心、健康管理维护中心、养生养老中心、消费体验中心等新型载体，打造沉浸式、体验式消费场景，培育网红打卡新地标。吸引民间资本提供差异化、多样化消费供给，重点培育千亿级服务产业发展。从数据看，2018年北京市服务性消费结构中，占比居于前三位的分别是交通和通信、教育文化和娱乐以及居住消费，分别占服务性消费的比重为31%、28.3%和21.4%；消费额分别为4236.6亿元、3869.6亿元和2919.7亿元；同比增速均在10%以上。在较长时期内，交通和通信、教育文化和娱乐以及居住消费三大传统领域的消费仍将占据较大份额。

（9）进一步推动制造业与服务业融合发展，大力发展服务型制造业。一是从未来趋势看，新消费与传统消费、商品消费与服务消费是难以明确区分的，要融合促进，包容发展。在消费中，商品消费会附加服务，服务消费也以商品为载体。在现代经济体系中，单独依靠制造或服务，经济发展质量难以改善，消费者需求难以根本满足，只有融合发展，才能更好地满足需求，扩大消费。如美容美发行业，也有产品消费，而网上零售额中也有一部分属于服务型消费等；要推动"商品＋服务消费＋体验消费"，促进线上线下融合发展。二是从产业发展基础看，要将众多中小服务业提质扩容升级作为增长点，规范服务标准，延长企业生命周期，针对处于不同生命周期的企业制定精细化支持政策。培育服务业大型龙头企业，提升整个行业的竞争力和实力，更好满足人们对美好生活的向往。

（10）进一步补齐传统消费基础设施短板，加大新型消费基础设施建设力度，增强服务性消费的硬环境建设。

一是进一步统筹规划全市旅游会展商业设施建设。近年来，受多种因素影响，北京市星级宾馆饭店个数急剧下降。2009 年高峰时达 815 家，2011 年下降至 598 家，2018 年进一步降至 419 家。与此同时，北京入境旅游者人数也从 2011 年的 520.4 万人降至 2018 年的 400.4 万人，仅相当于上海入境旅游者人数（742 万人）的 54%。

二是新技术革命推动了服务消费国际化、数字化进程，要进一步加快 5G、人工智能、物联网、大数据和云计算等新技术为引领的数字化基础设施建设，补齐各类服务消费和新消费基础设施短板，打造新消费新模式新场景新应用，促进服务消费网络化、差异化、数字化发展，进一步推动线上线下相结合。

三是完善社区商业和服务业配置标准，制定社区商业和服务设施建设规划，精准补建基本便民商业网点。继续推进生活性服务业品质提升工程，加大生活性服务业示范街区建设以及 15 分钟便民商圈示范工程，进一步提高生活性服务业品质。

四是明确社会公共服务基础设施范围和建设标准。加强物流等基础设施网络建设，以社区为单位配置智能快件箱。智能快件箱服务是快递行业服务环节的细化和延伸，可以满足消费者对快递服务的多样化、个性化消费需求。进一步加强末端配送、冷链配送基础设施建设。适当扩大公共服务消费，为促进整体服务业发展、优化服务业结构和扩大服务性消费奠定基础。

五是进一步加大农村地区消费基础设施建设。以生活性服务设施以及便利店建设为基础，提高便利店的连锁化率；提高农村地区公共服务设施综合使用效率；优化升级信息通信基础设施，特别是 5G 等新一代信息网络。目前，北京地区 5G 建设仍主要以覆盖城六区和副中心为主。

（11）塑造北京服务品牌，注重提升从业者素质和社会地位，推行服务业标准化，提升服务质量。

一是北京服务是城市形象、首都优势的集中体现。要通过众多服务品牌和企业品牌，做实北京服务的基础。服务消费是品牌消费，也是品质消费。随着经济发展和居民收入水平的提升，消费者日益追求品质化和品牌化，品牌附加值越来越重要，品牌和品质决定着服务性消费的内容，对扩大服务性消费具有重要影响。

二是服务消费的主要特征是异质性和不确定性，具有较强的经验特征和信任特征，需要整体提高劳动者素质，提高服务行业人员待遇和社会尊重。加大职业培训力度，制定相关行业标准，实行服务业标准化工程，树立标杆式企业，提高服务质量，保护消费者权益，奠定消费基础。并逐步提升北京服务业标准，实现与国际接轨，促进提高服务业国际竞争力。

三是进一步创新传承北京老字号的品牌优势，推动北京老字号持续健康发展，更好地满足人民日益增长的美好生活需要。老字号承载着中国文化自信，体现了民众对传统文化的高度认同。据北京市商务局数据，2018 年北京老字号有 175 家，这是北京历史文化的"活化石"和国际交往的"金名片"。2020 年 7 月，市商务局出台《支持北京老字号疫情常态化下稳经营促发展的若干措施》，提出将老字号纳入政府固定资产投资补助商业项目支持范围。

（12）依托"两区"建设，加快北京国际消费枢纽中心发展。依托大兴国际机场，建设发展综合性、现代化、国际化消费枢纽，规划升级购物小镇、特色商业街区、示范街区建设，试点免税店政策，推动多业态消费融合发展。提升服务业企业研发能力，促进商旅文体多业联动。鼓励和吸引土地、资金、高端人才等要素向服务业集聚，提升文化园区功能，打造国际文化消费功能区。充分把握北京疏解腾退空间再利用的契机，结合空间利用和特色街区整治，打造特色文化集聚区。

（13）全面深化改革开放。一是以服务业扩大开放综合示范区和自贸区建设为重点，进一步推进投资贸易自由化、便利化。北京是全国唯一免税保税政策相衔接试点，也是全国首批跨境电商 B2B 出口试点。二是以五大要素市场化改革为基础，持续优化营商环境，统一内外资、国有和民间投资市场准入条件，鼓励市场化多元资本投向农村地区，投向教育、医疗、养老等公共服务领域，着力打破服务领域隐性壁垒，解决多头管理标准不一、多头监管等问题。三是深化社会领域供给侧结构性改革，社会领域的资源和供给更容易被垄断。要继续推动"互联网＋社会服务"发展，通过社会服务资源数字化，破解社会资源分布不均衡的空间制约，提升资源配置效率。四是进一步梳理管理体制上的交叉管理、多头管理、条块关系等，放宽服务消费领域市场准入，重点解决"准入不准营""准入不能营"等隐性问题。结合产业融合发展趋势，探索新型综合管理体制。如上海市在浦东新区开展"一业一证"改革试点，选取与人民群众生活和消费息息相关、涉及量大面广的小微企业和个体工商户的便利店、小餐饮、健身房、书店、电影院等 31 个行业，建立综合许可制度，实现市场主体"一证准营"。

（14）从区域消费基础看，需加快京津冀都市圈和城市群建设，促进京津冀服务业协同发展，外溢城市生活方式和消费模式，扩大服务性消费。针对服务性消费呈集聚化、区域化趋势特征，需对应不同区域、不同领域、不同特点，突出不同重点布局。针对北京城市空间格局以及"一核两翼"的京津冀发展格局，应聚焦城市副中心这一目前发展较薄弱地区，加快建设服务消费类基础设施，补齐各类设施短板，提升生活性服务业覆盖面和连锁化率、品牌化率，重点提升服务业集聚区的发展水平。城市化水平与城镇居民服务性消费支出显著正相关，需加快推进社会服务资源在城乡、区域间均衡分布发展，实现公共服务均等化。人均第三产业增加值对城镇居民人均服务消费有显著的促进作用，需加快在京津冀范围内布局生产性服务业，发挥对制造业的支撑作用。需不断提升基础设施互联互通水平，推动1小时都市圈发展，构筑良好的京津冀一体化消费环境。

执笔人：刘秀如 于萌 雷来国 贾硕

第十三章　聚焦"七有""五性"，深化社会公共服务供给侧结构性改革

把握"客观性、人民性、逻辑性"三原则，进一步深化人民中心发展思想，即以人的需求为根源，按照需求的阶段性、差异性、趋势性，以人的全面发展需求为谱系，将"七有"作为方向，将"五性"作为衡量，顺应群众需求从"有没有"向"好不好"转变的趋势要求，着力推动形成"四化四多"的社会公共服务发展新格局。

第一节　社会公共服务供给演变的新趋势

当前，影响社会公共服务供给演变的主要有全面深化改革带来的制度因素和新一轮科技革命带来的技术因素。改革方面，从宏观层面看涉及公共服务领域的改革包括财税改革、空间改革和人才改革，所有改革措施形成一套组合拳。

第一，财税改革。在土地出让金收入增速放缓、收益相对降低的情况下，出台房产税征收政策缓解地方财政压力成为必然。以房产税为核心，结合地方债扩容、央地分权、消费税下划地方和户籍制度改革等制度设计，将使地方政府发展重心由生产转向消费，引人、聚人甚至抢人将成为地方政府的政策目标。地方政府推进公共服务设施建设的底层逻辑将从争取更多的上级财政转移支付转变为"提高公共服务供给水平—吸引居住人口实现房地产税增收—获得更多地方债额度"的良性循环，政府将从发展建设型政府向民生服务型政府转型。

第二，空间改革。农村集体土地入市，建设用地供给方从一元走向多元。控

规调整借助"多规合一"进一步放权区级政府，土地规划性质调整手续简化、周期缩短。公共服务设施建设与三证（土地证、房产证和组织机构代码证）进一步松绑，公共服务设施建设和机构开办更加灵活，市场主体和社会力量可以采取的经营手段更加丰富。公共服务供给主体的活动空间将得到拓展、活力将明显增强，在"十四五"期间需求扩张牵引下，将引来爆发期。

第三，人才改革。以事业单位改革为基础，沿着用人机制改革的大方向，在具体行业领域推进的医药卫生体制改革、教育体制综合改革和文化体制改革将进一步深化，核心围绕发挥市场在公共服务领域人力资源配置的决定作用，包括聘任制、无编制化和劳务派遣等多种用工形式和用人机制将更加普遍，不同层次人才在体制内外流动和兼职的渠道将更加丰富和畅通，公共服务领域体制内人才"围城"有望打破，优秀人才将有更大发挥空间。

技术方面，以人工智能、互联网和区块链为代表的新科技革命有可能彻底改变公共服务的各种业态，从而颠覆公共服务供给的基本属性。

一方面，公共服务的排他性减弱。传统形态的公共服务供给由于时间空间限制，排他性较强，享有服务的受众总是有限。依托于信息技术传播和人工智能优化开展的新兴形态的公共服务供给则有望实现公共服务的复数化生产和供应。教育领域的"课程研发＋线上名师、线下小班"模式，实现了优质 K12 教育的快速复制。医疗领域人工智能应用于病理、影像和检验领域实现了"机器换人"，疫情期间检验能力甚至能够指数级扩张。文化传播领域依靠算法迭代更新，抖音等小视频产品实现大规模精准推送。

另一方面，公共服务的"去中心化"和"去机构化"特征凸显。首先是区块链技术为公共服务的"去中心化"提供了实现基础，公共服务的供需匹配和交易完成不再依赖中心调配；其次是发达的信息网络改变传统组织结构，模糊了机构和个人的区别，为"去机构化"提供了实现基础；最后是手机等智能信息终端门槛降低和新型智能协作平台的建设，为个体参与提供了适配端口，满足了"去中心化"和"去机构化"的最后条件。因此，在教育、医疗、文化和体育等领域均出现了以个体或团队而非机构为核心的流量号和网红明星。"多对多"而非"个人对机构"的公共服务供需成为流行，医生集团、线上外教和体育私教等新型公共服务供给形态层出不穷，甚至在健康领域还出现了基于游戏的个体协作平台 Foldit，在本次全球寻找对抗新冠病毒蛋白结构过程中大放异彩。

第二节 社会公共服务供给侧结构性 改革需要解决的突出问题

经济社会发展水平的提高和人口结构的趋势性变化带来民生保障问题不断趋于复杂，社会公共服务供给侧结构性改革需要解决的重点是政府运行当中存在的一些长期性、根本性问题。

一是政府施策重点与群众需求偏差的问题。以养老为例，养老服务主要对象应该是占比超过90%的活力老人，为其提供"老有所为""老有所乐"的适老化生活环境，重点对象是占比8%的失能失智老人，为其中有需求部分提供集中供养照护床位。养老资源的主力不应该放在照护型床位比例不到40%的机构养老床位建设上，长期投入大量资源于补床位和忽视质量提升，让大部分老人缺少实际的获得感，让有需求的老人无法得到有效满足。又如托育和学前教育方面，0~3岁育儿成本高企，但托育社会化发展不足，政府关注度不够、投入稀少，高质量学前教育需求高企，普惠幼儿园发展拉高最低水平的同时也拉低最高水平，部分社区居民甚至因为普惠幼儿园出现"入园难"现象。

二是提高行业主管部门履职能力。政府提供的社会公共服务应该立足于保基本，按照"尽力而为，量力而行"的原则，严防标准过高，实际挤压市场活力，同时由于"性价比"不够又无法吸引群众。一方面，政府通过各种体系建设成为服务的直接供给方，所形成的服务层级容易缺少连续性和对应性，善于做大项目不擅长做小服务，但行业监管又不到位，市场和社会服务供给经常处于实质禁入或失管状态。另一方面，服务供给条块分割较为严重。如养老驿站作为"专门化"的养老服务机构运营普遍难，各类为老为小服务资源在社区整合难，空间、人员已整合，但项目、资金隔离，出现"一次活动、分类摆拍"的怪现象。

三是促进基层权责利能对等。一方面，基层权责利不对等现象仍然突出，社会公共服务设施尤其是涉及"老弱病残幼"的大多安全风险大、收益小、追责多，基层出于规避风险考虑倾向于"不做少做"，社会力量进入也多受掣肘。个别收益高的如名校办分校项目，则面临政务环境方面的压力。另一方面，基层财权事权不对等现象仍然突出，尽管街道体制改革和"街乡吹哨、部门报到"赋予了基层更大的财权和事权，但社会公共服务供给仍然依托于"行政发包"，基层综合性完成各方下派任务的能力还有待提升。

四是政府投资与民间投资相互背离。公共服务投入中普遍反映收益与投资不相匹配的问题，这个问题在北京市昂贵的土地价格下显得更加突出。实质上，伴随着居民收入增长和居民公共服务支出占比的提高，公共服务领域的收益也在逐步覆盖投资，特别是一些需求较为旺盛而供给相对紧张的领域。如养老领域，过去五年机构收费普遍翻倍，泰康燕园、椿萱茂等养老机构投资回报期由 10 ~ 15 年缩短到 5 ~ 7 年。在目前情境下，民间资本投入公共服务领域的热情主要来自于稳定现金流回报的吸引、居民公共服务支出占比的持续扩张和对未来通胀的预期。以此为背景，低成本、长周期的资金投入在公共服务融资当中尤显重要。

实践操作中，一方面，政府投资的公共服务设施项目要求"三证统一"（土地证、产权证和机构法人证统一），且对存量公办机构如公立医院的融资行为进行了严格限制，导致北京的公共服务资源全国最强却没有形成多少资本存量，也为政府不断累加了大量的财政负担和债务风险。另一方面，民间投资的公共服务设施项目要么是背靠大树（如前述泰康和椿萱茂），要么依靠"意外"解决了土地成本问题（如成功开发利用农村集体建设用地），除此之外的案例都极大可能涉嫌非法融资和金融诈骗，否则极难长久维持，特别是公共服务机构对于运营方的管理能力和组织能力要求还相对较高。以上两方面的问题正在相互极化、恶性循环，民间项目问题越多，政府越不放心，政府建设越多，民间项目空间越小。

五是监管不力与监管冗余削减社会力量活力。所有公共服务类的固定资产投资项目行政审批都因为涉及重大公共利益而至少归类到"核准"一级。而从固定资产投资审批程序的实践来看，资金充沛、程序顺利的情况下，需要至少两年半时间，其中规划调整所花时间就在一年半到两年之间，主要用于土地性质和规划用途调整。公共服务支持政策当中，北京市给予养老领域的用地优惠最大最特殊，即非营利养老机构可以在不转变土地性质的情况下建设养老机构，甚至于可以在不办理土地出让不补缴土地出让差价的情况下建设养老机构。但优惠政策仅限于养老（文创产业相关政策路径仍不清晰），大量实质提供教育、养老、医疗服务的民办机构使用高成本的商办设施，实际游离于前置审批的监管之外。

缺乏效用但程序繁琐的监管除了提高民间投资投建公共服务设施的制度成本以外，也变相催生了公共服务机构的不规范甚至违法行为，如幼儿园要求具备资质的主体在教育用地上建设教育设施（另外一种"三证合一"）就催生了各类资质借用。同时，历史积攒的存量建设用地大多是工业用地性质，在转换成公共服务设施用地时补缴的土地出让金动辄数亿元，土地所属机构大多无力承担，依靠借贷则资金成本太高、审批周期太长且不确定性太大。而转换成某类公共服务设施用地之后，如需要切换到另一类公共服务设施用地，还需要重走审批程序，无疑是一种监管冗余。

第三节　"十四五"时期北京社会公共服务供给侧结构性改革思路

"十四五"时期是北京服务国家发展大局、建设与国家综合实力和国际地位相匹配的大国首都的攻坚期，是率先基本实现社会主义现代化、建设国际一流的和谐宜居之都的推进期。坚持以人民为中心，围绕"七有""五性"需求，加大力度推动社会公共服务补短板、强弱项、提质量，以人民需求更新部门需求、以全域统筹更新领域统筹、以效能提升更新功能提升、以总量扩容更新增量扩张，做好民生保障和改善工作，不断增强人民群众获得感、幸福感、安全感。结合社会公共服务主要特征及所面临的形势，探索性提出了"十四五"时期北京社会公共服务发展的思路，概括为"深化一个中心、围绕一条主线、发力两个资源、推动四个统筹"。

深化一个中心：构建人民中心发展体系。"十四五"时期，人民中心发展思想进一步落地，以人民需求、人民感受和人民价值为导向的政策体系、投入机制和考核机制逐步完善成形。人民需求感知、反馈、评价等进入体系建设阶段，人民需求结构精准表达和供需对接机制更加健全，以人民需求谱系为方向的供给侧结构性改革加速推进，以人民需求谱系为基础的社会公共服务发展体系逐步建立。

围绕一条主线：深化供给改革主线。"十四五"时期，社会公共服务供给侧结构性改革进一步深入，通过"七有""五性"制度建设，以人民需求代替部门需求，推动有效供给和有效需求对接。推动劳动力、土地、资本、技术、数据等要素和社会公共服务各领域制度相结合，以要素最优配置为导向，通过制度改革优化各主体的权力配置，调动各主体积极性和创造性，实现社会公共服务健康可持续发展。在完善政府"保基本"职能的同时，创新社会公共服务供给方式，广泛吸引社会资本参与服务供给，满足多元化需求。改革目标是形成"四化四多"的发展格局，实现社会公共服务的社会化、专业化、市场化和产业化，推动形成社会公共服务多主体、多层次、多类型和多业态的多元供给格局。改革内容是改人、改地、改财，即涵盖公共服务事业单位改革、行业领域改革（医改、教改、文改）和用人机制改革（聘任制、无编制化、劳务派遣）在内的人才改革；涵盖产权确权、空间规划在内的空间改革；涵盖投入机制、筹资机制和支付机制在内的财政改革。人才改革是提高"人尽其才"水平，空间改革是提高闲置、低效资源使用效率，财政改革是提高财政资金使用效能，三大改革贯穿始终。

发力两个资源：激发存量资源和优势资源。激发存量资源，既要重视薄弱地区、薄弱领域服务设施补短板，更要加大存量资源挖潜力度，利用好疏解腾退空间，优化利用低效服务资源，提升服务能力。发挥教育、医疗等优势资源在吸引高端要素集聚上的重要作用，提升城市竞争力和发展潜力。

推动四个统筹：建立以有效供给为导向的统筹机制，依据"七有""五性"需求的紧迫性和差异性，定期对社会公共服务进行监测评估。健全以全域联动为特征的统筹机制，推进社会公共服务各领域协调推进、深度融合、相互支撑，实现各项规划与政策的衔接。构建以要素支撑为内容的统筹机制，推动劳动力、资本、技术和数据等要素发挥作用。探索以集约高效为目标的统筹机制，推进社会公共服务政策、项目、主体、产业、智能融合发展。完善调整社会公共服务设施利用机制，鼓励社会公共服务设施功能兼容和复合使用，推进养老、文化、体育等社会公共服务设施集约设置。通过社会化改革，吸引更多社会力量参与社会公共服务多元化供给。

第四节　"十四五"时期北京社会公共服务
供给侧结构性改革具体举措

一、完善"七有""五性"社会公共服务有效监测评估机制

以满足人民群众对便利性、宜居性、多样性、公正性、安全性的需求为中

心，建立形成覆盖社会公共服务的统筹平台，着力解决社会公共服务不平衡、不充分问题，提高民生保障水平。社会公共服务统筹平台能够实现社会领域数据资源共享共用，全面、及时、准确地掌握社会领域发展动态，为科学决策提供重要支撑。健全监测评估方式，将社会公共服务统筹平台信息化，充分利用大数据、区块链等信息技术优势，构建可记录、可监控、可检查、可追溯的社会公共服务资源监测系统。同时，鼓励和培育社会第三方监测评估机构，完善监测评估体系，定期发布监测评估报告。

对"七有""五性"涉及的社会公共服务领域全面盘点，系统调查社会公共服务资源供给情况，梳理形成资源、设施、设备台账，具体包括已建成设施设备、建设中的设施设备、待建的设施设备及投入使用时间等。提前研判领域内、区域内未来五年社会公共服务资源的供给能力。深入调研公众切实需求，着重了解公众的主观感受和客观需要，挖掘公众对社会公共服务的期待与建议，梳理汇编需求台账。

二、构建以基本公共服务清单为核心的社会公共服务供给制度

实施基本公共服务清单制，明确服务范围、服务项目和权责关系，规范市、区、街乡各级支出责任和分担方式，实现基本公共服务按项目打包、按人头付费，财政支出以人为单位全面均等化。建立基本公共服务标准体系，对基本公共服务清单项目实施标准化管理，以标准化手段优化资源配置、规范服务流程、保证服务质量，实现社会公共服务能由政府购买服务提供的，政府不再直接承办，按标准交由具备条件、信誉良好的社会组织、服务机构、事业单位和企业等承担。围绕基本公共服务清单制度创新治理方式，建立基本公共服务供给财政兜底专项账户、考核激励机制和清单动态调整机制，将基本公共服务供给水平和质量纳入"七有""五性"综合评价指标体系实施考核，考核结果作为财政奖励性资金和基本公共服务固定资产投资"切块"下达的主要依据。

三、推动综合部门和行业主管部门协调配合的社会公共服务供给侧结构性改革

以落实和完成党中央国务院部署的社会公共服务各领域改革任务和改革目标为指引，全面推进社会公共服务供给要素的市场化、社会化有关改革工作。发展改革部门重点研究固定资产投资"切块"下达政策，打包支持微民生项目和灵活性公共服务设施建设，推动公共服务设施项目后评价工作。财政部门重点研究基本公共服务清单配套财政支出的保障政策和绩效激励政策，制定实施政府购买公共服务指导性目录，加强政府购买公共服务的财政预算管理。规划部门重点研究公共服务领域用地指标叠加政策，对公共服务各领域之间用地性质切换建立绿色通道，或按公共服务大类实施规划用地性质划分。住建部门全面梳理全市公共服务设施挪用、闲置、低效使用情况，对于运营、管理效能低下的大型公共服务设施，研究出台"公建民营"方式委托社会力量运营、管理，或直接采取 REITs方式实现政府投资变现退出。统计部门重点研究公共服务新领域、新行业、新业态的统计监测指标体系建设。各行业主管部门协力推进"家园中心"等社区综合公共服务设施建设，研究出台供给公共服务的政策路径和支持细则。

四、推动公办社会公共服务机构产权关系调整

梳理存量公共服务设施数量和基本信息，建立台账收回占用挪用的公共服务设施，梳理存量公共服务设施产权关系，限期清理所有无产证物业，实现产权清晰、责任明晰。借助街道体制改革契机，试点将基层公共服务存量设施产权转隶至街道，由街道决策设施使用方式和途径，市区两级层面予以考核。研究设立市级公共服务设施建设指导标准，首先在城市副中心公共服务综合设施"家园中心"建设中探索实践，形成"功能整合、各取所需、相互融合、切换便捷"的家园中心建设指导标准。

提高社会公共服务设施运营社会化专业化水平。按照管办分离的原则，原则上政府新建社会公共服务设施一律采取公建民营，存量设施逐步转为公办民营。通过委托授权、购买服务等方式，引入第三方专业化经营管理公司、社会企业或社会组织运营体育场馆，提高管理和服务水平。同时，注重社会公共服务设施肥瘦搭配、整体打包委托运营，注重对社会公共服务的无形资产资源进行开发，提升场地整体利用率和盈利能力，扩大社会效益。

五、推动社会公共服务行政审批制度改革

在现有"多规合一"行政审批制度改革的基础上，按照分级分类授权原则，进一步推动部分审批权限下放至街道，市级通过总量控制和指标考核予以引导调节。同时，对小区内设施的改扩建项目划定明确边界，实施"法无禁止即为可为"原则，支持小区内公用设施改造以适应实际用途。改革按规划用途和土地性

质区分项目类型的做法，研究按项目正负外部性评估结果作为土地出让金补缴依据，对项目正负外部性处在同一档次的规划用途或土地性质调整不另设审批程序。推动各领域前置审批向事中事后监管转变，不断实现"三证"分开，通过行业协会、舆论监督和公益诉讼的方式推动建立多元监管模式，通过鼓励上市融资促进实现市场监管。

六、推进社会领域投融资模式改革

参照普惠幼儿园建设方式，按照"能购买即不建"的原则，支持建设普惠养老院、普惠诊所和普惠文体设施，通过政府购买扩大公共服务市场容量，引导提升服务标准，扩大政府投入效用。采取杠杆母基金或政府投融资平台担保的形式，提供低息长周期贷款，支持存量建设用地补缴土地出让金实现土地性质变更。研究支持一批农村集体土地公共服务项目建设，支持一批国有企业采取长租土地或不动产方式建设公共服务设施，为民间资本更加灵活地进入公共服务领域探索政策路径，形成政策示范。

同时，大力推动公共服务设施资产证券化并上市融资，北京市现有公共服务设施项目在规模、收益和产权关系均有符合要求的可能，应鼓励采取 REITs（不动产信托基金）和 ABS（企业资产证券化）等方式获取融资，对于 REITs 模式融资中的多重税收问题（主要是土地增值税和转让层面的所得税），可以在先期试点中通过财政补贴予以返还。同时，这部分融资项目统一纳入政府固定资产投资项目进行监管，实施市场和政府双监管。

七、推动社会公共服务设施和空间高效综合利用

一是探索推动绿化用地社会公共服务用地综合利用。重点是体育用地方面，落实新版北京城市总体规划中"鼓励公园绿地及开敞空间提供体育健身服务功能"的要求，同时鼓励发展"森林教育"新业态，将绿地综合利用纳入首规委议事日程，由社会组织或体育、教育企业运营维护。规自委研究出台建设用地指标叠加使用和统计考核办法，有限范围内鼓励同一地块按不同功能性质重复计算面积。推广高羊茅等绿期长、耐踩型的草种种植，加大绿地向公益性社会公共服务开放力度。同步研究在非社会公共服务用地上集成社会公共服务功能的工作指引，全面摸排园林绿化、拆违用地、非首都功能疏解等非公共服务用地或建筑，制定公布可用于公共服务设施功能集成的用地建筑目录，目录范围内可用于优先

设置可拆卸、可移动、易还原的社会公共服务设施。

二是推动社会公共服务设施尤其是文体场地设施共建共享。鼓励企业、社会组织、社区驻区单位等对公益性设施进行冠名维护和认养。探索各类社会公共服务经费下放，通过居民议事厅等社区协调议事机制决策经费使用。新建学校、国企和机关等设计和选址考虑向社会开放的需求，做好与工作区隔离和开放的准备，存量设施探索利用电子栅栏等新技术手段加强监控和隔离。仿造青岛做法，以社区为单位建立公共资源信息平台，社区内各类权属公共服务设施建档立卡、台账管理、预约使用。

执笔人：刘烨

第十四章　完善北京医药健康产业创新生态研究

近些年来，生命科学与生物技术呈现多学科、多领域融合快速发展的态势，加之疫情在全球的蔓延，推动着各国各方进一步审视医药健康产业的战略地位。北京具有得天独厚的发展医药健康产业①的优势，医药健康产业正在成为支撑北京经济高质量发展的重要引擎。然而，北京医药健康产业研发创新能力仍有待提高，在生命科学前沿技术探索与科技成果转化方面，还存在着明显的短板，解决这些问题，需要站在科技制高点，建立创新生态系统，增强北京医药健康产业的创新能力和综合竞争力。本章针对如何进一步完善医药健康产业创新生态、为创新主体提供优良环境这一问题而展开，期望在增强北京医药健康产业的创新能力和竞争力、促进首都经济高质量发展和科技创新中心建设等方面发挥积极作用。

第一节　研究背景及产业创新生态系统相关理论

医药健康产业已成为北京创新发展的重要引擎。同时，科技创新领域的竞争已演化为创新体系和创新生态系统的竞争，有必要厘清产业创新生态系统的概念、构成与特点。

---

① 本章所指医药健康产业主要是指生物医药产业。

一、研究背景与意义

近些年来，生命科学和生物技术已成为世界各国竞相布局抢占发展战略制高点的重要领域。《国家中长期科学和技术发展规划纲要（2006—2020 年）》把医药健康产业确定为前沿和重点发展的产业之一，可以预见"十四五"时期，医药健康产业必将成为京津冀地区最具潜力和活力的战略性新兴产业之一。当前，疫情在全球继续蔓延，在特效药物和疫苗暂时缺位的情况下，发展医药健康产业的战略价值更加凸显。北京发展医药健康产业优势显著，该产业近 10 年年均增长率达 18.1%，显著高于全市 GDP 增速，正在日益成为支撑北京创新发展的"双发动机"① 之一。

伴随新一轮科技革命和产业变革，科技创新领域的竞争已演化为创新体系和创新生态系统的竞争。北京医药健康产业虽发展势头良好，但是产业创新能力仍有待提高，需要建立融企业创新系统、供应链创新系统、产学研协同创新系统、创新服务系统和政府创新治理系统等为一体的，创新链、产业链、资金链和政策链准确对接的创新生态系统，增强医药健康产业的创新能力和竞争力。

二、产业创新生态系统的概念、构成与功能

产业创新生态系统是指创新群落与产业创新环境构成的，通过创新物质、能量和信息流动所形成的相互作用、相互依存的具有生态系统特征的系统。它由创新群落和创新环境构成，创新群落包括创新生产者、创新分解者、创新消费者，创新环境包括创新政策、创新市场、创新资源、创新文化等。产业创新生态系统兼有生态系统和创新系统的相关性质，主要体现为系统性、多样共生性、动态性、复杂性、开放性等特征，具有资源配置、互补协作、信息共享、规模效应等功能。

三、医药健康产业创新生态系统的构成及特点

对于医药健康产业，生产者指高等院校、科研院所、医院以及企业中的研发部门，消费者是进行生产加工的药品生产企业，分解者包括药店、医院、销售企业、政府、行业协会、金融机构、中介机构等，外部环境包括政策环境、市场环

---

① "双发动机"是指新一代信息技术产业和医药健康产业。

境、法律制度、公共服务平台等。

医药健康产业的特征是"四高一长"，即高技术、高投入、高风险、高收益、长周期。医药健康产业创新生态的特点是：强调多主体协同合作、集群集聚对创新能力提升有重要作用、对政策依赖性大。

第二节 北京医药健康产业创新生态发展现状

医药健康产业作为北京市最具创新驱动特点、最具发展优势、最符合高质量发展要求的"高精尖"产业之一，其产业创新资源、创新环境和创新产出在全国均居于领先地位。

一、产业布局呈"一南一北"发展格局

北京医药健康产业以中关村生命园、大兴生物医药基地、亦庄生物医药产业园为主要承载地，基本形成南制造、北研发的"一南一北"产业发展格局。

南部高端制造业基地以北京经济技术开发区和大兴生物医药基地为核心，形成了约1300家企业的高端制造集群，在北京生物医药制造业中所占比重超过50%。北部以中关村生命科学园为核心，形成了由约480家企业组成的生命科学研发和创新集群，已成为国家级生命科学和新医药高科技产业的创新基地。

二、医药健康创新群落实力领跑全国

在国家层面，全国生物技术与人口健康领域工程技术研究中心共40个，其中8个位于北京，占比20%；全国共253个国家重点实验室，有79个位于北京，其中生物医药领域相关的共23个，占比29.1%。北京还拥有超过70家国内知名高校院所以及国家蛋白质科学中心（北京）、北京协和医院转化医学中心等。在市级层面，北京市生物医药领域重点实验室共计163个，生物医药领域工程技术研究中心共计50个。北京还拥有23个国家临床医学研究中心，占全国国家临床医学研究中心总数的近一半，国家临床医学研究中心依托单位22家，占全国的45%。

同时，北京积极探索科技体制改革，构建新型医药健康科研机构，建设了北

京脑科学与类脑研究中心、全球健康药物研发中心。北京还加快以企业为主体的技术创新体系建设，聚集了 13 家百强企业，仅次于江苏省（14 家）排名全国第二。

三、医药健康创新环境持续优化

（一）政策体系不断完善

北京出台了《北京市加快科技创新发展医药健康产业的指导意见》《北京市加快医药健康协同创新行动计划（2018—2020 年)》等文件。特别是自疫情暴发以来，北京出台了一系列政策支持医疗健康相关企业加大研发力度，如《北京经济技术开发区关于进一步统筹疫情防控和经济社会发展支持企业共克时艰的若干措施（2.0 版)》《服务贸易领域防疫情稳运行若干措施》等。

（二）平台服务持续提升

北京在中关村生命科学园等试点建设专业孵化器，面向国际遴选运营管理机构，在高等院校、科研院所、医疗机构集中区域布局新建一批专业孵化器。大力布局 CRO、CMO、CSO① 等产业服务，其中，CRO 企业已集聚近 200 家。北京还搭建了一系列高水平的学术及产业交流平台，如中国医疗健康产业投资 50 人论坛。举办"京津冀地区人类遗传资源管理专场培训会"、第八期医药健康企业家高研班、第三届北京国际生物医药产业发展论坛等。

（三）创新人才加速集聚

北京地区生物领域企业从业人员达到 8 万人，高校院所生命科学研究人员近 6 万人。北京地区每年生物医药领域高校毕业生过万人，专业人才队伍总体水平和密度居全国首位。截至 2019 年 9 月，生物医药和医疗卫生领域共有中国科学院院士 145 名，其中北京 75 名，占比 51.7%；中国工程院院士共 117 名，其中北京 50 名，占比 42%。截至 2018 年年底，首都地区领军人才共 242 人，其中生物医药和医疗卫生领域共 62 人，占比 25.6%。

（四）融资渠道日益多元

在政府投资方面，2018 年 6 月，北京市科技创新基金正式启动，总规模 300 亿元，募集银行等金融资本 100 亿元。在已经成立的 14 只子基金中包含 3 只医

---

① CRO（Contract Research Organization）是指合同研发组织，CMO（Contract Manufacture Organization）是指合同生产组织，CSO（Contract Sales Organization）是指合同销售组织。

药健康基金，另有 12 只医药健康基金正在成立中。在风险投资方面，2019 年，北京市医药健康领域融资金额为 241.4 亿元，是上海的 2 倍以上，融资事件数 152 起，融资规模和事件数量均位居全国第一。在股权融资方面，截至 2019 年 9 月，北京医药健康上市企业共 40 家。

四、医药健康创新氛围十分浓厚

（一）科研活动积极活跃

在原始创新方面，北京建立了第一批"重点跟踪服务人才目录"，加大人才支撑以及基础研究力度。在临床研究方面，北京开展的临床试验数量是上海的 1.2 倍，是东京的 3 倍。在新药研发方面，北京向中高端迈进，如我国首个反义核算药物"注射用 CT102"进入临床试验研究。

（二）成果产出优势明显

截至 2018 年 6 月，1 类创新药国内上市品种共 52 个，北京地区有 8 个，占比在全国排名第二。截至 2018 年底，北京市药品 CDE 申请总数和 1 类、2 类新药 CDE 申请数量均位于全国首位，是上海的 1.2 倍，是广东省的 5 倍。截至 2018 年，全国共有 184 个医疗器械获得创新医疗器械特别审批资格，其中，北京共有 39 个，占比 21%，居全国首位。北京医院机构获得专利数量从 2011 年的 123 个增长为 2018 年的 606 个，数量增长近 5 倍。

（三）新业态培育表现亮眼

北京推动首批 10 个人工智能技术在医药健康领域的研究项目以及 12 个以"骨科、心脏、肿瘤"为代表的医工结合创新产品的研发；举办北京市智慧医保创新竞赛，支持企业将 AI 技术用于提升医保服务质量；率先发布在海淀医院试点建设基于图像识别、深度学习等人工智能技术的医学影像分析平台等应用场景建设项目。

第三节 存在的问题

从创新生态系统的角度看，北京医药健康产业还存在进一步完善和提高的空间，具体表现在创新能力、创新服务体系、创新人才和资金要素、创新生态环境、产业链和创新链融合几个方面。

一、医药健康产业群落创新能力还需要提高

一是企业群落技术创新能力还需要加强。北京医药健康企业规模偏小，缺乏具有国际竞争力的龙头企业。企业研发投入不足，低于发达国家，甚至低于长三角地区。二是高校院所群落基础研究还需要进一步发力。一方面，医药研发具有周期长、投入大、风险大的特点，研发难度大；另一方面，高校科研院所激励机制不完善，科技创新的积极性不高。三是医院群落创新积极性还需要进一步激发。本市高水平临床试验机构总量仍较少，医务人员缺少临床研究的载体平台。医药领域研发和科技成果转化缺少具体落实政策的操作细则，当面临科技成果转化定价、收益分配等问题时，医院领导面临承担国资流失的风险。医院和研究者团队在职称评定、绩效考核上缺乏对临床试验的重视。

二、医药健康产业创新服务体系有待完善

一是高校、院所、医疗机构周边的孵化器缺失，缺少成果转化的专业服务平台。本市成规模、高端国际化水平的中试和生产平台等承接创新品种产业化的客观条件尚不完善，孵化器承载能力有限。二是医药健康领域知识产权保护有待加强。主要体现在基础专利有效情况下仿制药强行仿制越来越普遍，降低了原研药企业创新的积极性。三是缺少市场化和专业化的园区服务。与国际相比，本市相关园区服务水平还有很大的提升空间，不能有效满足医药企业发展的需求。

三、医药健康产业创新人才、资金等要素不足

一是医药健康领域研发人才短缺。该领域顶尖人才缺乏，从事基础研究的专业人才外流情况严重，人才户口、子女上学、薪资需求等服务保障还不完善。二是复合型人才不足。医药健康领域成果转移转化人才缺乏，部分医疗卫生机构等事业单位没有设立专门的科技成果转移转化部门和工作岗位。缺少具有企业管理意识和科学家潜质的复合人才。三是支持早期研发的资金、资本不足。处于早期新药开发阶段的公司通常很难融到资金。社会资本普遍关注于临床、生产、市场等中后期阶段以及"互联网＋医疗"等模式创新，真正关注实验室阶段、临床前的社会资本十分缺少。

四、医药健康产业创新生态环境还需要优化

一是产业创新的制度环境需要完善。创新药和医疗器械进入医保目录和医院的机制不够畅通，在医疗机构采购、纳入医保支付等环节，存在创新医疗器械纳入医保支付评估周期长等问题。市区两级对产业政策的理解和落实标准不统一，存在一听到生产制造就拒之门外的"一刀切"现象。市场端激励政策数量不多、实操性不强。二是产业创新基础设施还需要完善。新型研发机构、大科学装置等一批支撑原始创新成果培育，加快前沿技术突破的创新平台和设施还不足。中小企业仍存在公共平台较少、缺乏共享服务资源、实验室落后和高端仪器缺乏等问题。

五、医药健康产业链和创新链融合还需要加强

一是技术对产业支撑能力还不够强。作为基础研究主体的高校院所成果转化动力不足。现行体制在一定程度上制约科技成果转化，科技成果处置、转化收益分配、人员分类考核、激励机制等政策落地"最后一公里"尚未打通。二是产业对技术的反向拉动作用还不够大。以市场需求为导向的技术研发不足，企业与高端研发机构产学研合作不够紧密，缺乏专业平台为产业环节的各方参与者提供有效的信息渠道和协同创新环境。三是创新链和产业链协同程度还不够高。医药健康领域的研究机构分散于不同单位，各单位的相互衔接缺乏组织，部分新技术新产品上市后到进入临床应用仍存在衔接不顺畅等问题，还没有完全形成与产业发展相适应的资源共享、相互衔接、服务功能强大的研发技术支撑链。

第四节　国内外经验借鉴

他山之石可以攻玉。本节梳理了波士顿、以色列、神户、上海、天津和苏州六地在医药健康产业创新发展方面的先进经验，以期为北京提供参考借鉴。

一、国际经验借鉴

波士顿经验如下：一是联邦政府的财政支持。美国国立卫生研究院每年投入

320亿美元用于医学研究，支持超过30万研究人员。二是"产学研"的分工与整合。波士顿实现了初创企业与大型药厂间的分工与整合、大研究所与产业间的合作。三是大学对整个创新社区建设起到了极其重要的推动作用。肯德尔广场及周边形成的生技创业园区的开发从一开始就是由麻省理工学院在推动，很多成功的生物技术领域的突破往往是从大学校园里开始的。四是完善的创新创业生态环境。从严实施环保治理措施，对企业研发投入实行税收减免等利好政策。

以色列经验如下：一是政府不遗余力地支持。以色列政府出台了一系列支持政策，1995年成立了国家生物技术委员会，2000年又启动了2000～2010年生物计划。二是集聚生物医药高端人才。以色列近五成的人接受过高等教育，科学家和工程师在其中占据很大的比重。众多有跨国药企管理背景的人才回流，带回了大量的专业技术和技能。三是依托全球资源的带动效应。以色列拥有众多跨国制药公司设立的分厂，280个全球跨国生命科学研发中心中，大部分是外资企业在收购本地公司后成立的。四是重视开发本土创新力。以色列重视科研和技术基础，科学基础设施、技术基础设施均位居世界前列。以色列在大学和医院共设立了十多个技术转移中心，大力扶持本土企业成为在全球有影响力的跨国企业。

神户经验如下：一是"协同组合"运营管理。神户产业园由日本国中央政府、神户市政府和20家民间企业共同出资102亿日元成立"协同组合"来负责运营管理。二是加强官产学结合，促进科技与产业共同发展。日本政府倡导和推进政府研究机构、民间企业、大学这三方之间的合作和交流，先后制定了研究交流促进法、前沿研究、省际基本研究和地域流动研究制度等。三是注重统筹协调，加强国际合作。全国70多家大企业、50家公司和20家大型设备制造厂联合组成了生命科学委员会，减少重复研究。四是改革成果转化体制，鼓励创办创新企业。日本鼓励大学创办新公司。政府对国立大学进行重组并成立独立的公司，大幅削减研究所基金支持，提高其商业化运作能力。五是推行技术预见措施，确定重点研究领域。日本自1971年以来，每隔5年进行1次技术预见活动。

二、国内经验借鉴

上海经验如下：一是政策支持。上海市从早期研发及产业促进、临床开发、承接转化、产业化、市场推广、人才促进等方面相继出台一系列政策文件，如《上海市医学科技创新发展"十三五"规划》《市政府办公厅关于促进本市生物医药产业健康发展的实施意见》《关于促进上海医学科技创新发展的实施意见》

等。二是创新平台加速集聚。上海集聚了中科院系的蛋白质中心、上海药物研究所、诺华等大型科研机构和企业研发中心。三是创新资本领域生物医药产业领域PE/VC 投资活跃。2018 年度，上海市生物医药产业累计发生融资事件 130 起，融资金额高达 263.1 亿元，生物医药领域融资额全国第一。四是产业领军人才不断集聚。上海形成四大人才群体：海外高层次专家和科学家人才群体、创新型企业家群体、研发人才群体、工程师和高级技能人才。

天津经验如下：一是政策支持。天津市出台一系列促进生物医药产业发展的政策文件，包括《天津市生物医药产业发展三年行动计划（2015—2017 年）》《天津市智能医疗与健康专项行动计划》《天津市生物医药产业发展三年行动计划（2018—2020 年）》等。二是"聚链成群"。天津聚集了天士力、红日药业等中药企业，凯莱英医药金耀集团、药明康德新药开发有限公司等化学药企业以及天狮集团、金士力佳友等健康产业企业共计百余家。三是创新平台加速集聚。天津生物医药领域拥有工程技术研究中心 2 个、重点实验室 4 个、临床医学研究中心 1 个、企业技术中心 6 个、部委级重点实验室 15 个。四是创新资本活跃。截至 2018 年底，天津市生物医药产业累计发生融资事件 27 起，融资金额高达27.49 亿元。

苏州经验如下：一是政策支持。2020 年发布《全力打造苏州市生物医药及健康产业地标实施方案（2020—2030 年）》，对总投资 1 亿~5 亿元且符合条件的项目给予最高不超过 2000 万元资助。二是国际化开发运营模式。实行"先规划后建设、先地下后地上、先环境后开发"的开发理念，开展国际化合作。三是坚持产城融合定位。把"产城融合"作为园区建设的定位，将产业新城、生活新城和科教新城同步建设、同步推进。四是多元化运营策略。通过提高产业组织能力、人才集聚能力、品牌影响力等方面扶持园区企业快速发展。五是打造人才集聚能力。与国外留学人员组织和驻外机构的联系和合作，吸引外国专家来苏进行技术指导。开展一系列人才计划，推行高层次人才和紧缺人才优惠政策。六是打造园区品牌影响力。参与和主办具有国际影响力的论坛及活动，如中国医药创新与投资大会等。促进创新主体自发组成的生物医药团体或联盟，如中国心血管健康联盟等。七是打造产业资本投资能力。设置国内最大的股权投资和创业投资母基金（国创母基金），发挥国资公司元禾控股对各类基金的引领作用。八是打造产业创新服务能力。园区形成了公共技术服务平台、开放实验室、创新运营服务平台的三大公共服务体系。

三、经验借鉴

一是政策支持。国内外各个城市在发展医药健康产业的时候都给予了极大的政策支持。二是空间集聚。充分发挥园区优势，促进不同规模生物医药企业协同发展。建议根据不同企业规模合理制定具有产业发展特色的综合性金融支持方案，加快创新平台搭建，发挥产业集聚效应。三是依托大学等科研机构力量形成产学研紧密协同创新链条。建议联合医药高校、研究院所，充分发挥人才优势，不断加大科学研究和医疗卫生健康等专业人才引进力度，加强研究机构、医科学校与企业之间的联系与合作。四是借助城市群发展的机遇，合理布局产业链。无论是上海还是苏州，都利用长三角城市群的发展来布局自己的创新链和供应链，北京市也应当抓住京津冀协同发展的机遇，布局自己的产业链和供应链。

第五节　完善北京医药健康产业创新生态的政策建议

进一步推动北京医药健康产业创新发展，要全力培育企业的创新主体地位，完善产业创新服务群落，打造多元人才队伍和多样融资渠道，完善产业创新生态环境，从而更好地推动产业科技成果转化。

一、以培育企业创新主体地位为重点，增强研发群落创新能力

一是激励企业扩大研发投入，提升企业创新能力。推进生物医药企业研发经费后补助工作。建立和落实市属生物医药国有企业研发投入视同利润的考核制度，对市属国有企业研发投入和产出进行分类考核。以示范企业为载体，以点带面引导企业加大创新投入。二是集中力量培育一批龙头企业，形成大中小企业协同创新的局面。设立生物医药龙头企业培育专项。借由完善和固化重点项目落地的契机壮大医药企业发展。加速推进国有生物医药企业混合所有制改革，鼓励生物医药企业集团化发展。建立生物医药产业创客实验室，选择具有行业代表性的大企业与中小企业进行对接。举办大中小企业创新对接会等活动。三是进一步激发高校、科研院所和医院的创新积极性。营造开放包容的创新文化环境。组织高校、科研院所、医疗机构等联合举办学术会议，加大对基础研究的政策宣传，建

立医药研究容错机制。对于自由探索类基础研究要采取长周期评价机制。推动中关村生命科学园建设具有国际水准的研究型医院。

二、打造医药健康创新服务群落，补齐知识产权保护短板

一是围绕产业园区培育一批医药健康专业服务平台。集中培育一批 CMO、CDMO、CRO 等生物医药服务型企业和服务型制造企业，建设一批具有国际一流水平的高端药物制剂中试平台、高端医疗器械检测服务平台、生物医药高科技孵化器等。二是完善知识产权保护政策。建立健全专利侵权行为的惩罚与赔偿制度。完善知识产权诉讼系统，建立知识产权侵权举报投诉中心。提高专利审批速度，增加专利审批人员数量。针对国家重点项目，或是经过权威机构认证为生物医药领域具有重大贡献的发明创造，享有优先审批和专利授权的特权。

三、建设多元人才队伍，拓展多样融资渠道

一是做好高端人才引进的配套支持工作。依托人才计划引进掌握世界前沿生物医药技术的顶尖人才和团队，特别注重引进首席医学官（CMO）。建立研发服务集聚区，开展实验设备共享。用好股权激励工具。建设国际人才社区，在落户、配偶子女随调随迁等方面开通绿色通道。提升生物医药高层次人才流失风险意识。二是培养多元化、复合型人才。扩大高校生物医药学科专业的设立范围，围绕药物创新、基因工程、高端医疗器械开发、中医药传承、医药国际注册、生物统计等方面需求，推动优化高等学校专业设置。增设生物医药科技成果转化、知识产权相关专业。三是聚焦初创企业研发活动优化金融资源配置。加大政府补贴力度，引导社会投资向处于实验室阶段、临床前的研发活动聚集。设立生物医药产业发展基金，引导风险投资（VC）、股权投资（PE）等多种融资渠道转向。充分利用服务业扩大开放试验区，支持社会资本进入生物医药产业。

四、优化药品与基础设施管理，完善产业创新生态环境

一是健全创新药的研发管理政策。建议北京医保目录快速纳入本市研发的疗效明确的创新药，简化甚至取消创新药的招标环节。针对特定新药研发给予额外的制度保护。探索创新药研发的"VIC 模式"。尝试建立社会化的第三方药审机构，设立专门的创新药审评部门。编制创新药研发指南。探索"AI +"的创新药研发模式。二是推进仿制药一致性评价进程和药品上市许可持有人制度

（MAH）落实。设立专项发展基金，分期对评价品种提供资金支持。依托学会、科研院所等共同建立 MAH 转化平台。三是健全配套技术设备，推进设施设备共享。建立公共技术设备共享使用机制，推进科研院所、实验室设备公开、有偿使用。建立公共技术设备使用平台。

五、加强产业链与创新链融合，推进成果转化

一是以临床科研成果转化为重点畅通成果转化通道。推动适合医疗机构科技成果转化的实施细则尽快出台。建设一批高水平临床试验机构。健全临床试验成果转移转化人才评价体系。成立由政府委托的第三方机构、公司或基金会，对临床科研成果的转化实施补贴和奖励。充分发挥自贸区作用，对临床急需且我国尚无的同品种医疗器械和研发用材料试剂、设备加快审批通关，保障临床需求。二是推动产学研医协同创新。成立生物医药产业技术创新联盟，定期举办生物医药产业技术创新大会。构建开放创新网络数据共享平台。围绕高校、科研院所、医院建立专业的特色孵化器，建立全链条公共服务大平台。三是构建京津冀区域性医药健康产业链。让更多生产型企业在河北等地设立生产基地。建立生物医药产业创新人才早期培养合作发展机制。探索制定"京津冀药品上市许可持有人跨省委托监管规定"。推进跨区域项目合作共建，加大京津冀地区财政转移支付力度。

执笔人：王广宏　赵永珊　唐文豪　刘沛罡　周方　刘晨